Delicias Sous Vide

Recetas Perfectas con Precisión y Sabor Excepcional

Martín García

Resumen

Tortilla De Carne Molida	10
Tortilla vegetariana ligera	12
Sándwich con aguacate y huevo	14
Huevos rellenos	15
Huevos duros	17
huevos en escabeche	18
Huevos suaves y chile	20
huevos benditos	21
Huevos revueltos con eneldo y cúrcuma	22
huevos escalfados	23
Tocino y huevos	24
huevas de tomate cherry	25
tarta de pastrami	26
Tomate Shakshuka	27
tortilla de espinacas	28
Tortilla de rúcula y jamón	29
Tortilla de chalotes con jengibre	30
Palitos de pollo italiano	31
Bocaditos de pollo con cereza	33
Tostadas con caquis y canela	35
Alitas de pollo al jengibre	36
Hamburguesa de carne	38
verduras rellenas	40
Pannini de salchicha italiana con hierbas	42

Alcachofas con limón y ajo 44
Croquetas de yema de huevo panko 45
humus de chile 46
Palitos de mostaza 47
Ñoquis de berenjena con pistachos 48
Salsa De Guisantes Verdes 49
papas fritas 50
Ensalada de pavo con pepinos 51
Bolas de pan de jengibre 53
Bolas de bacalao 54
Zanahorias nuevas glaseadas 56
alitas de pollo calientes 57
Muffins con cebolla y tocino 58
Mejillones al vino blanco 60
Maíz tamari en la mazorca 61
Vieiras con tocino 62
Aperitivo de gambas 63
crema de higado de pollo 64
Verdura De Calabaza De Jengibre 66
colas de langosta 67
tofu a la parrilla 68
Deliciosa tostada francesa 69
Pato dulce y enojado 70
Ruibarbo en escabeche envasado al vacío 71
albóndigas de pavo 72
Muslos dulces con tomates secos 73
pollo adobado 74

Chorizo de Frutas "Cómeme"..75
Pollo y champiñones en salsa marsala.................................76
Albaricoques de vainilla con whisky....................................78
Hummus ligeramente especiado..79
Varita de lima kaffir..81
Puré de patatas con leche al romero..................................82
Brochetas dulces de tofu con verduras..............................84
Filetes de pollo al estilo Dijon..86
Pimientos rellenos de zanahorias y nueces........................87
Pato a la naranja con pimentón y tomillo...........................89
Pierna de pavo envuelta en tocino......................................91
Mix de espárragos con estragón..92
Filetes de coliflor sazonados..94
Tiras de patata cayena con aliño de mayonesa..................95
Pato a la mantequilla y dulce...97
ñame con mantequilla...98
Quiche de espinacas y champiñones..................................99
Maíz Mantequilla Mexicano..101
Peras con queso y nueces..103
Gachas de brócoli y gorgonzola...104
Calabacín al curry...105
Batatas al horno con nueces..106
Nabo marinado picante...107
Mantequilla De Maíz Condimentada.................................108
Patatas con pimentón y romero..109
Pan de calabaza en tarros..110
Huevos con puerro y ajo..112

Salsa cremosa de alcachofas 113
Dip De Rábano Y Queso 115
Salsa De Apio 116
salsa barbacoa picante 117
salsa peri peri 119
Jarabe de jengibre 120
Sofreír ligeramente el brócoli. 121
estofado de col 122
Pilaf de arroz y puerros con nueces 124
Plato de mandarinas y judías verdes con avellanas 126
Crema de guisantes dulces con nuez moscada 128
Miso de calabacín y sésamo 130
Zanahorias de agave sobre una base de mantequilla 132
Alcachofas con mantequilla de limón y ajo 133
Tofu tomate y agave 135
Cebollitas al horno con pesto de girasol 136
Un plato dulce hecho de remolacha roja. 138
grano provolone 140
Hinojo en escabeche de limón sin esfuerzo 142
Plato sencillo de brócoli 143
Patatas con trufa de ajo 144
Verduras picantes en escabeche caseras 145
Deliciosos tomates picantes 147
Un sencillo aliño alfredo de verduras 148
Un maravilloso guiso de judías y zanahorias. 150
Una ensalada ligera de dos frijoles. 152
Delicioso estofado vegano con alubias cannellini 154

Zanahorias en escabeche glaseadas	156
Precioso tofu con salsa sriracha	158
Ensalada de rúcula y remolacha sin queso	160
Dip De Frijoles Con Ajo	161
Frijoles negros picantes	162
Champiñones balsámicos picantes con ajo	163
Puré de patata crujiente con ajo	164
Una mezcla de tubérculos	165
Plato de calabaza tailandés	167
Tarros de pepinos encurtidos	169
Puré De Papas Con Coco	170
Col tentadora con mantequilla	171
Rábanos daikon dulces con romero	172
Repollo cebolla con pasas	173
Frijoles mixtos en salsa de tomate	174
Guiso de guindillas y garbanzos	175
Créme Brulée elaborado con fruta fresca	177
Budín de vaina de vainilla	179
Mini brownies de moca en tarro	181
Crema de plátano sencilla	183
Tarta de queso con dulce de leche	185
Albaricoques con miel y cítricos	187
Pots du Créme naranja con chocolate	188
Albaricoque Limón-Salvia	190
Budín de chocolate	191
Tarta de manzana	192
Galletas de chispas de chocolate sin azúcar	194

Helado de vainilla 195
Budín de desayuno ligero con requesón 196
Galletas de chocolate envasadas al vacio 198
Arroz con leche con ron y arándanos 200
Pudín de pan... 201
cuajada de limón 203
Creme brulée 204
Panecillo de limón 205
mousse de frambuesa 207
Manzanas dulces rellenas de pasas 208
Tarta de manzana... 209
Mini tarros de cheesecake de fresas... 210
Peras cocidas en vino y canela 211
Avena con almendras y coco 212
Gachas de trigo sarraceno y plátano 213
Avena básica desde cero 214
Los mini pasteles de queso 215
Pan con mantequilla de cafe... 216
Magdalenas de zanahoria 217

Tortilla De Carne Molida

Preparación + tiempo de cocción: 35 minutos | Porciones: 3

Ingredientes:

1 taza de carne molida magra
¼ taza de cebolla finamente picada
¼ de cucharadita de tomillo seco molido
½ cucharadita de orégano seco, molido
Sal y pimienta negra al gusto
1 cucharada de aceite de oliva

Instrucciones:

Calentar el aceite en una sartén a fuego medio. Agregue la cebolla y saltee durante unos 3-4 minutos o hasta que esté transparente. Agregue la carne molida y cocine por 5 minutos, revolviendo ocasionalmente. Espolvorear con sal, pimienta, tomillo y orégano. Mezcle bien y cocine por otro minuto. Retirar del fuego y dejar de lado.

Preparar un baño maría y poner en él el Sous Vide. Ajuste a 170 F. Bata los huevos en un tazón mediano y vierta en una bolsa de vacío reutilizable. Agregue la mezcla de carne molida. Libere el aire utilizando el método de exprimir agua y selle la bolsa.

Sumerja la bolsa en el baño de agua y configure el temporizador durante 15 minutos. Con un guante, masajee la bolsa cada 5 minutos para garantizar una cocción uniforme. Después de que el temporizador se haya detenido, retire la bolsa del baño de agua y transfiera la tortilla a un plato.

Tortilla vegetariana ligera

Preparación + tiempo de cocción: 1 hora y 40 minutos | Porciones: 5

ingredientes

1 cucharada de aceite de oliva

1 cebolla mediana, picada

Agregar sal al gusto

4 dientes de ajo picados

1 daikon, pelado y cortado en cubitos

2 zanahorias, peladas y cortadas en cubitos

1 chirivía, pelada y cortada en cubitos

1 taza de calabaza moscada, pelada y cortada en cubitos

6 onzas de champiñones ostra, picados

¼ taza de hojas de perejil, picadas frescas

Una pizca de hojas de chile

5 huevos grandes

¼ taza de leche entera

Instrucciones

Preparar un baño maría y poner en él el Sous Vide. Fije a 175 F. Engrase varios frascos con aceite. Dejar de lado.

Calentar una sartén a fuego alto con el aceite. Agregue el sudor de cebolla durante 5 minutos. Agregue el ajo y cocine por 30 segundos. Agregue sal. Mezcle las zanahorias, el daikon, la calabaza y las chirivías. Agregue sal y cocine por otros 10 minutos. Agregue los champiñones y sazone con pimienta y perejil. Cocine por 5 minutos.

En un bol, batir los huevos y la leche y añadir la sal. Divida la mezcla en frascos con las verduras. Cierra y sumerge los frascos en un baño de agua. Hornear durante 60 minutos. Cuando el temporizador se detenga, retire los frascos. Dejar enfriar y servir.

Sándwich con aguacate y huevo

Preparación + tiempo de cocción: 70 minutos | Porciones: 4

Ingredientes:

8 rebanadas de pan

4 huevos

1 aguacate

1 cucharadita de paprika

4 cucharaditas de salsa holandesa

1 cucharada de perejil picado

Sal y pimienta negra al gusto

Instrucciones:

Preparar un baño maría y poner en él el Sous Vide. Ajuste a 145 F. Saque la pulpa de aguacate y macháquela. Mezclar la salsa y las especias. Coloque los huevos en una bolsa sellable al vacío. Liberar el aire estrujando el agua, cerrar y sumergir la bolsa al baño maría. Ajuste el temporizador para 1 hora.

Cuando termine, colóquelo inmediatamente en un baño de hielo para que se enfríe. Pelar y trocear los huevos. Unte la mitad de las rodajas de huevo con el puré de aguacate y coloque las rodajas de huevo encima. Pon las rebanadas de pan restantes encima.

Huevos rellenos

Tiempo de preparación + cocción: 75 minutos | Porciones: 6

Ingredientes:

6 huevos
Jugo de 1 limón
2 cucharadas de perejil picado
1 tomate, picado
2 cucharadas de aceitunas negras molidas
1 cucharada de yogur
1 cucharada de aceite de oliva
1 cucharadita de mostaza
1 cucharadita de chile en polvo

Instrucciones:

Preparar un baño maría y poner en él el Sous Vide. Fije a 170 F. Coloque los huevos en una bolsa sellable al vacío. Liberar el aire estrujando el agua, cerrar y sumergir la bolsa al baño maría. Ajuste el temporizador para 1 hora.

Cuando esté listo, retire la bolsa y colóquela en un baño de hielo para enfriar y pelar. Cortar las yemas por la mitad y retirarlas.

Agregue los ingredientes restantes a las yemas de huevo y revuelva para combinar. Rellenar los huevos con la mezcla.

Huevos duros

Preparación + tiempo de cocción: 1 hora y 10 minutos | Porciones: 3

Ingredientes:

3 huevos grandes
Baño de hielo

Instrucciones:

Haga una caldera doble, coloque el Sous Vide en ella y ajústela a 165 F. Coloque los huevos en la caldera doble y configure el temporizador durante 1 hora.

Después de que el temporizador se haya detenido, transfiera los huevos al baño de hielo. Pelar los huevos. Servir como snack o en una ensalada.

huevos en escabeche

Preparación + tiempo de cocción: 2 horas 10 minutos | Porciones: 6

Ingredientes:

6 huevos
1 cucharada de granos de pimienta
Jugo de remolacha enlatado
1 taza de vinagre
½ cucharada de sal
2 dientes de ajo
1 hoja de laurel
¼ de taza) de azúcar

Instrucciones:

Preparar un baño maría y poner en él el Sous Vide. Ajuste a 170 F. Coloque con cuidado los huevos en el agua y cocine durante 1 hora. Con una cuchara ranurada, transfiéralos a un recipiente grande con agua helada y déjelos enfriar durante unos minutos. Pelar y colocar en un bote de 1 litro con tapa abatible.

En un tazón pequeño, mezcle los ingredientes restantes. Verter sobre los huevos, cerrar y sumergir en el almíbar. Cocine por 1 hora. Retire el frasco del baño de agua y enfríe a temperatura ambiente.

Huevos suaves y chile

Preparación + tiempo de cocción: 60 minutos | Porciones: 5

Ingredientes:

1 cucharada de chile en polvo
5 huevos
Sal y pimienta negra al gusto

Instrucciones:

Preparar un baño maría y poner en él el Sous Vide. Ajuste a 147 F. Coloque los huevos en una bolsa sellable al vacío. Liberar el aire por el método de desplazamiento de agua, cerrar y sumergir en la tina. Cocine por 50 minutos.

Una vez que el temporizador se detenga, retire la bolsa y colóquelos en un baño de hielo para enfriar y pelar. Espolvorea los huevos con las especias y sirve.

huevos benditos

Preparación + tiempo de cocción: 70 minutos | Porciones: 4

Ingredientes:

4 huevos

3 onzas de tocino, rebanado

5 cucharadas de salsa holandesa

4 muffins de galleta

Sal y pimienta negra al gusto

Instrucciones:

Preparar un baño maría y poner en él el Sous Vide. Fije a 150 F. Coloque los huevos en una bolsa sellable al vacío. Liberar el aire estrujando el agua, cerrar y sumergir la bolsa al baño maría. Ajuste el temporizador para 1 hora.

Cuando el temporizador se detenga, retire la bolsa y sepárela. Pelar los huevos y colocarlos sobre los muffins. Verter sobre la salsa y espolvorear con sal y pimienta. Pon tocino encima.

Huevos revueltos con eneldo y cúrcuma

Preparación + tiempo de cocción: 35 minutos | Porciones: 8

Ingredientes:

8 huevos

1 cucharada de cúrcuma en polvo

¼ taza de eneldo

1 cucharadita de sal

Una pizca de pimentón

Instrucciones:

Preparar un baño maría y poner en él el Sous Vide. Ajuste a 165 F. Bata los huevos en un tazón junto con los demás ingredientes. Transferir a una bolsa de vacío. Liberar el aire estrujando el agua, cerrar y sumergir la bolsa al baño maría. Pon el temporizador en 15 minutos.

Después de que el temporizador se haya detenido, retire la bolsa y masajee suavemente para combinar. Cocine por otros 15 minutos. Retire con cuidado la bolsa del agua. Servir caliente.

huevos escalfados

Preparación + tiempo de cocción: 65 minutos | Porciones: 4

Ingredientes:

4 tazas de agua
4 huevos de pimentón
1 cucharada de mayonesa
Sal y pimienta negra al gusto

Instrucciones:

Preparar un baño maría y poner en él el Sous Vide. Fije a 145 F. Coloque los huevos en una bolsa sellable al vacío. Libere el aire usando el método de desplazamiento de agua, cierre y remoje el baño. Ajuste el temporizador a 55 minutos.

Después de que el temporizador se haya detenido, retire la bolsa y transfiérala a un baño de hielo para enfriarla y pelarla. Durante este tiempo, hierve agua en una cacerola. Envuelva los huevos pelados dentro y cocine por un minuto. Mientras los huevos están hirviendo, mezcle el resto de los ingredientes. Vierta sobre los huevos.

Tocino y huevos

Preparación + tiempo de cocción: 7 horas 15 minutos | Porciones: 4

Ingredientes:

4 huevos cocidos
1 cucharadita de mantequilla
7 onzas de tocino, rebanado
1 cucharada de mostaza Dijon
4 onzas de queso mozzarella, en rodajas
Sal y pimienta negra al gusto

Instrucciones:

Preparar un baño maría y poner en él el Sous Vide. Ajuste a 140 F. Frote el tocino con mantequilla y pimienta. Coloque una rebanada de mozzarella en cada huevo y envuelva los huevos y el queso en tocino.

Unte con mostaza y póngalos en una bolsa que se pueda sellar al vacío. Liberar el aire estrujando el agua, cerrar y sumergir la bolsa al baño maría. Ajuste el temporizador para 7 horas. Después de que el temporizador se haya detenido, retire la bolsa y transfiérala a un plato. Servir caliente.

huevas de tomate cherry

Preparación + tiempo de cocción: 40 minutos | Porciones: 6

Ingredientes:

10 huevos

1 taza de tomates cherry, cortados a la mitad

2 cucharadas de crema agria

1 cucharada de cebollín

½ taza de leche

½ cucharadita de nuez moscada

1 cucharadita de mantequilla

1 cucharadita de sal

Instrucciones:

Preparar un baño maría y poner en él el Sous Vide. Fije a 170F.

Pon los tomates cherry en una bolsa grande con cierre al vacío. Batir los huevos con el resto de los ingredientes y verterlos sobre los tomates. Liberar el aire estrujando el agua, cerrar y sumergir la bolsa al baño maría. Pon el temporizador en 30 minutos. Cuando termines, saca la bolsa y transfiérela a un plato.

tarta de pastrami

Tiempo de preparación + cocción: 25 minutos | Porciones: 3

Ingredientes:

6 huevos

½ taza de pastrami

2 cucharadas de crema

Sal y pimienta negra al gusto

2 cucharadas de mantequilla, derretida

3 rebanadas de pan tostado

Instrucciones:

Preparar un baño maría y poner en él el Sous Vide. Ajuste a 167 F. En una bolsa sellable al vacío, mezcle la mantequilla, los huevos, la crema y las especias. Liberar el aire estrujando el agua, cerrar y sumergir la bolsa al baño maría. Pon el temporizador en 15 minutos. Cuando el temporizador se detenga, retire la bolsa y transfiera los huevos a un plato. Servir encima de tostadas.

Tomate Shakshuka

Preparación + tiempo de cocción: 2 horas 10 minutos | Porciones: 3

Ingredientes:

28 oz de tomates triturados enlatados

6 huevos

1 cucharada de pimentón

2 dientes de ajo, picados

Sal y pimienta negra al gusto

2 cucharaditas de comino

¼ taza de cilantro picado

Instrucciones:

Preparar un baño maría y poner en él el Sous Vide. Ajuste a 148 F. Coloque los huevos en una bolsa sellable al vacío. Liberar el aire estrujando el agua, cerrar y sumergir la bolsa al baño maría. Mezclar los demás ingredientes en otra bolsa de vacío. Ajuste el temporizador para 2 horas.

Divide la salsa de tomate en tres tazones. Después de que el temporizador se haya detenido, retire la bolsa. Pelar los huevos y poner 2 de ellos en cada recipiente.

tortilla de espinacas

Preparación + tiempo de cocción: 20 minutos | Porciones: 2

Ingredientes:

4 huevos grandes, batidos

¼ taza de yogur griego

¾ taza de espinacas frescas, finamente picadas

1 cucharada de mantequilla

¼ taza de queso cheddar, rallado

¼ cucharadita de sal

Instrucciones:

Prepare una caldera doble, coloque el Sous Vide y ajústelo a 165 F. Bata los huevos en un tazón mediano. Mezcla el yogur, la sal y el queso. Coloque la mezcla en una bolsa de vacío con cierre hermético y selle. Sumerja la bolsa en el baño de agua. Cocine por 10 minutos.

Derrita la mantequilla en una sartén a fuego medio. Agregue las espinacas y cocine por 5 minutos. Dejar de lado. Después de que el temporizador se detenga, retire la bolsa, transfiera los huevos a un plato para servir. Completar con las espinacas y doblar la tortilla.

Tortilla de rúcula y jamón

Tiempo de preparación + cocción: 25 minutos | Porciones: 2

Ingredientes:

4 lonchas finas de jamón

5 huevos grandes

¼ taza de rúcula fresca, finamente picada

¼ taza de aguacate en rodajas

Sal y pimienta negra al gusto

Instrucciones:

Preparar un baño maría, poner en él el Sous Vide y programar a 70 grados. Batir los huevos con la rúcula, sal y pimienta. Transferir a una bolsa de vacío. Presione para eliminar el aire, luego cierre la tapa. Cocine por 15 minutos. Después de que el cronómetro se haya detenido, retire la bolsa, abra y transfiera la tortilla a un plato para servir y adorne con rebanadas de aguacate y jamón.

Tortilla de chalotes con jengibre

Preparación + tiempo de cocción: 20 minutos | Porciones: 2

Ingredientes:

8 huevos de gallinas camperas, batidos
½ taza de cebolletas
1 cucharadita de jengibre, recién rallado
1 cucharada de aceite de oliva virgen extra
Sal y pimienta negra al gusto

Instrucciones:

Prepare un baño de agua, coloque el Sous Vide y ajústelo a 165 F.

En un tazón mediano, bata los huevos, el jengibre, la sal y la pimienta. Transfiera la mezcla a una bolsa de vacío con cierre hermético y selle. Sumerja la bolsa en el baño de agua. Cocine por 10 minutos.

Caliente el aceite en una cacerola a fuego medio. Cocine las cebolletas durante 2 minutos. Después de que el temporizador se detenga, retire la bolsa, desdoble y retire la tortilla en un plato para servir. Cortar en rodajas finas, espolvorear con la cebolla y doblar sobre la tortilla para servir.

Palitos de pollo italiano

Preparación + tiempo de cocción: 2 horas y 20 minutos | Porciones: 3

Ingredientes:

1 libra de pechuga de pollo, deshuesada y sin piel

1 taza de harina de almendras

1 cucharadita de ajo picado

1 cucharadita de sal

½ cucharadita de pimienta de cayena

2 cucharaditas de hierbas italianas mixtas

¼ cucharadita de pimienta negra

2 huevos batidos

¼ taza de aceite de oliva

Instrucciones:

Lava la carne con agua fría y sécala con papel de cocina. Sazone con hierbas italianas mixtas y colóquelo en un recipiente grande que se pueda sellar al vacío. Selle la bolsa y cocine al vacío durante 2 horas a 167 F. Retire del baño de agua y reserve.

Ahora mezcle la harina, la sal, la pimienta de cayena, las hierbas italianas y la pimienta en un tazón y reserve. Batir los huevos en un recipiente aparte y reservar.

Caliente el aceite de oliva en una sartén grande a fuego medio. Sumerge el pollo en el huevo batido y cúbrelo con la mezcla de harina. Freír durante 5 minutos por cada lado o hasta que estén doradas.

Bocaditos de pollo con cereza

Preparación + tiempo de cocción: 1 hora y 40 minutos | Porciones: 3

Ingredientes:

1 libra de pechuga de pollo, deshuesada y sin piel, cortada en trozos pequeños
1 taza de pimiento rojo, cortado en cubitos
1 taza de pimiento verde, cortado en trozos
1 taza de tomates cherry, enteros
1 taza de aceite de oliva
1 cucharadita de mezcla de especias italianas
1 cucharadita de pimienta de cayena
½ cucharadita de orégano seco
Sal y pimienta negra al gusto

Instrucciones:

Lava la carne con agua fría y sécala con papel de cocina. Cortar en trozos pequeños y reservar. Lava los pimientos y córtalos en cubos. Lava los tomates cherry y quita los tallos verdes. Dejar de lado.

En un recipiente, mezcle el aceite de oliva con las especias italianas, la pimienta de cayena, la sal y la pimienta.

Mezcle hasta que esté bien combinado. Agregue la carne y cubra bien con la marinada. Reserva durante 30 minutos para que los sabores se mezclen y penetren en la carne.

Ponga la carne junto con las verduras en una bolsa de vacío grande. Agregue tres cucharadas de adobo y cierre la bolsa. Cocine en sous vide durante 1 hora a 149F.

Tostadas con caquis y canela

Preparación + tiempo de cocción: 4 horas 10 minutos | Porciones: 6

Ingredientes:

4 rebanadas de pan tostado

4 dátiles picados

3 cucharadas de azúcar

½ cucharadita de canela

2 cucharadas de jugo de naranja

½ cucharadita de extracto de vainilla

Instrucciones:

Preparar un baño maría y poner en él el Sous Vide. Fije en 155F.

Ponga los caquis en una bolsa con cierre. Agregue el jugo de naranja, el extracto de vainilla, el azúcar y la canela. Cierra la bolsa y agita bien para cubrir los trozos de caqui. Liberar el aire estrujando el agua, cerrar y sumergir la bolsa al baño maría. Ajuste el temporizador para 4 horas.

Después de que el cronómetro se haya detenido, retire la bolsa y transfiera la caca al multiusos. Mezclar hasta que esté suave. Extienda la mezcla de dátiles sobre el pan tostado.

Alitas de pollo al jengibre

Preparación + tiempo de cocción: 2 horas 25 minutos | Porciones: 4

Ingredientes:

2 kilogramos de alitas de pollo

¼ taza de aceite de oliva virgen extra

4 dientes de ajo

1 cucharada de hojas de romero, finamente picadas

1 cucharadita de pimienta blanca

1 cucharadita de pimienta de cayena

1 cucharada de tomillo fresco, finamente picado

1 cucharada de jengibre fresco, rallado

¼ taza de jugo de lima

½ taza de vinagre de sidra de manzana

Instrucciones:

Enjuague las alitas de pollo con agua corriente fría y escúrralas en un colador grande.

En un tazón grande, mezcle el aceite de oliva con el ajo, el romero, la pimienta blanca, la pimienta de cayena, el tomillo, el jengibre, el jugo de lima y el vinagre de sidra de manzana. Sumerja las alitas en esta mezcla y cubra. Refrigera por una hora.

Transfiera las alas junto con la marinada a una bolsa grande con cierre. Selle la bolsa y cocine al vacío durante 1 hora y 15 minutos a 149 F. Retire de la bolsa sellada al vacío y dore antes de servir. ¡Servir y disfrutar!

Hamburguesa de carne

Preparación + tiempo de cocción: 1 hora y 55 minutos | Porciones: 4

Ingredientes:

1 kilo de carne magra molida

1 huevo

2 cucharadas de almendras, finamente picadas

2 cucharadas de harina de almendras

1 taza de cebolla, finamente picada

2 dientes de ajo machacados

¼ taza de aceite de oliva

Sal y pimienta negra al gusto

¼ taza de hojas de perejil, finamente picadas

Instrucciones:

En un bol, mezclar la carne picada con la cebolla, el ajo, el aceite, la sal, la pimienta, el perejil y las almendras picados finamente. Mezclar bien con un tenedor y añadir poco a poco un poco de harina de almendras.

Batir un huevo y ponerlo en la nevera durante 40 minutos. Retire la carne de res del refrigerador y forme suavemente hamburguesas de una pulgada de grosor, aproximadamente 4 pulgadas de diámetro. Coloque en dos bolsas sellables al vacío separadas y sous vide durante una hora a 129F.

verduras rellenas

Preparación + tiempo de cocción: 65 minutos | Porciones: 3

Ingredientes:

1 kilo de vegetales verdes, al vapor

1 kilo de carne magra molida

1 cebolla pequeña finamente picada

1 cucharada de aceite de oliva

Sal y pimienta negra al gusto

1 cucharadita de menta fresca, finamente picada

Instrucciones:

Hierva una olla grande de agua y agregue las verduras. Cocine brevemente, 2-3 minutos. Escurrir y escurrir suavemente las verduras y reservar.

En un tazón grande combine la carne molida, la cebolla, el aceite, la sal, la pimienta y la menta. Mezcle bien hasta que se combinen. Coloque las hojas en la encimera, con el grano hacia arriba. Tome una cucharada de la mezcla de carne y colóquela en el centro inferior de cada hoja. Dobla las páginas y enróllalas firmemente. Enhebre de lado y transfiéralo con cuidado a una bolsa grande que se pueda sellar al vacío. Selle la bolsa y cocine al vacío durante 45 minutos a 167F.

Pannini de salchicha italiana con hierbas

Preparación + tiempo de cocción: 3 horas 15 minutos | Porciones: 4

ingredientes

1 kilo de salchicha italiana
1 pimiento rojo, en rodajas
1 pimiento amarillo, en rodajas
1 cebolla, en rodajas
1 diente de ajo, picado
1 taza de jugo de tomate
1 cucharadita de orégano seco
1 cucharadita de albahaca seca
1 cucharadita de aceite de oliva
Sal y pimienta negra al gusto
4 rebanadas de pan

Instrucciones

Preparar un baño maría y poner en él el Sous Vide. Ajuste a 138F.

Ponga las salchichas en una bolsa de vacío. Agregue ajo, albahaca, cebolla, pimiento, jugo de tomate y orégano a cada bolsa. Liberar el aire estrujando el agua, cerrar y sumergir las bolsas al baño maría. Cocine por 3 horas.

Cuando el temporizador se detenga, retire las salchichas y transfiéralas a la sartén caliente. Freírlos durante 1 minuto por cada lado. Dejar de lado. Agregue los demás ingredientes a la sartén, sazone con sal y pimienta. Cocine hasta que el agua se evapore. Sirva las salchichas y otros ingredientes entre el pan.

Alcachofas con limón y ajo

Preparación + tiempo de cocción: 2 horas y 15 minutos | Porciones: 5

Ingredientes:

3 alcachofas

Jugo de 3 limones

1 cucharada de mostaza

5 dientes de ajo, picados

1 cucharada de cebolla verde picada

4 cucharadas de aceite de oliva

Instrucciones:

Preparar un baño maría y poner en él el Sous Vide. Ajuste a 195 F. Lave y clasifique las alcachofas. Poner en un recipiente de plástico. Agregue los ingredientes restantes y agite para cubrir bien. Pon toda la mezcla en una bolsa de plástico. Cierra y sumerge la bolsa en un baño de agua. Ajuste el temporizador para 2 horas.

Después de que el temporizador se haya detenido, retire la bolsa y cocine a la parrilla durante un minuto por cada lado.

Croquetas de yema de huevo panko

Preparación + tiempo de cocción: 60 minutos | Porciones: 5

Ingredientes:

2 huevos más 5 yemas

1 taza de pan rallado panko

3 cucharadas de aceite de oliva

5 cucharadas de harina

¼ de cucharadita de condimento italiano

½ cucharadita de sal

¼ de cucharadita de pimentón

Instrucciones:

Preparar un baño maría y poner en él el Sous Vide. Ajuste a 150 F. Coloque la yema de huevo en agua (sin bolsa ni taza) y cocine durante 45 minutos, volteando a la mitad. Deja que se enfríe un poco. Batir los huevos con los demás ingredientes, excepto el aceite. Sumerge las yemas de huevo en la mezcla de panko y huevo.

Calienta el aceite en el sarten. Freír las yemas durante unos minutos por cada lado, hasta que estén doradas.

humus de chile

Preparación + tiempo de cocción: 4 horas y 15 minutos | Porciones: 9)

Ingredientes:

16 onzas de garbanzos, remojados durante la noche y escurridos
2 dientes de ajo, picados
1 cucharadita de sriracha
¼ de cucharadita de chile en polvo
½ cucharadita de hojuelas de pimiento rojo
½ taza de aceite de oliva
1 cucharada de sal
6 tazas de agua

Instrucciones:

Preparar un baño maría y poner en él el Sous Vide. Ajuste a 195 F. Coloque los garbanzos y el agua en una bolsa de plástico. Liberar el aire estrujando el agua, cerrar y sumergir la bolsa al baño maría. Ajuste el temporizador para 4 horas.

Después de que el temporizador se haya detenido, saque la bolsa, drene el agua y transfiera los garbanzos a la multicocina. Añade los demás ingredientes. Mezclar hasta que esté suave.

Palitos de mostaza

Preparación + tiempo de cocción: 1 hora | Porciones: 5

Ingredientes:

2 kilogramos de muslos de pollo
¼ taza de mostaza Dijon
2 dientes de ajo machacados
2 cucharadas de aminoácidos de coco
1 cucharadita de sal rosa del Himalaya
½ cucharadita de pimienta negra

Instrucciones:

Enjuague los palillos con agua corriente fría. Escurrir en un colador grande y reservar.

En un tazón pequeño, mezcle Dijon con ajo machacado, aminoácidos de coco, sal y pimienta. Extienda la mezcla sobre la carne con un cepillo de cocina y póngala en una bolsa grande que se pueda sellar al vacío. Selle la bolsa y cocine al vacío durante 45 minutos a 167F.

Ñoquis de berenjena con pistachos

Preparación + tiempo de cocción: 8 horas 10 minutos | Porciones: 8

Ingredientes:

3 berenjenas, cortadas en rodajas
¼ taza de pistachos molidos
1 cucharada de miso
1 cucharada de mirina
2 cucharaditas de aceite de oliva
1 cucharadita de cebollín
Sal y pimienta negra al gusto

Instrucciones:

Preparar un baño maría y poner en él el Sous Vide. Fije a 185F.

Mezclar el aceite, el mirin, el cebollino, el miso y la pimienta. Cubrir las rodajas de berenjena con esta mezcla. Colocar en una bolsa de vacío de una sola capa y espolvorear con pistachos. Repite el proceso hasta agotar todos los ingredientes. Liberar el aire estrujando el agua, cerrar y sumergir la bolsa al baño maría. Ponga el temporizador en 8 horas. Después de que el temporizador se haya detenido, retire la bolsa y el plato.

Salsa De Guisantes Verdes

Preparación + tiempo de cocción: 45 minutos | Porciones: 8

Ingredientes:

2 tazas de guisantes

3 cucharadas de crema

1 cucharada de estragón

1 diente de ajo

1 cucharadita de aceite de oliva

Sal y pimienta negra al gusto

¼ taza de manzanas cortadas en cubitos

Instrucciones:

Preparar un baño maría y poner en él el Sous Vide. Ajuste a 185 F. Coloque todos los ingredientes en una bolsa sellable al vacío. Liberar el aire estrujando el agua, cerrar y sumergir la bolsa al baño maría. Ajuste el temporizador a 32 minutos. Después de que el temporizador se haya detenido, retire la bolsa y mezcle con una batidora de mano hasta que quede suave.

papas fritas

Tiempo de preparación + cocción: 45 | Porciones: 6

Ingredientes:

3 libras de papas, rebanadas
5 tazas de agua
Sal y pimienta negra al gusto
¼ de cucharadita de bicarbonato de sodio

Instrucciones:

Preparar un baño maría y poner en él el Sous Vide. Establecido en 195F.

Coloque los gajos de patata, el agua, la sal y el bicarbonato de sodio en una bolsa sellable al vacío. Liberar el aire estrujando el agua, cerrar y sumergir la bolsa al baño maría. Ponga el temporizador en 25 minutos.

Mientras tanto, caliente el aceite en una cacerola a fuego medio. Después de que el temporizador se haya detenido, retire los gajos de papa de la salmuera y séquelos. Freír en aceite durante unos minutos, hasta que estén doradas.

Ensalada de pavo con pepinos

Preparación + tiempo de cocción: 2 horas y 20 minutos | Porciones: 3

Ingredientes:

1 libra de pechuga de pavo, en rodajas

½ taza de caldo de pollo

2 dientes de ajo, picados

2 cucharadas de aceite de oliva

1 cucharadita de sal

¼ de cucharadita de pimienta de cayena

2 hojas de laurel

1 tomate mediano, picado

1 pimiento rojo grande, picado

1 pepino de tamaño mediano

½ cucharadita de condimento italiano

Instrucciones:

Sazone el pavo con sal y pimienta de cayena. Colocar en un recipiente al vacío junto con el caldo de pollo, el ajo y las hojas de laurel. Selle la bolsa y cocine en Sous Vide durante 2 horas a 167 F. Retire y reserve. Coloque las verduras en un tazón grande y agregue el pavo. Mezclar con especias italianas y aceite de oliva. Revuelva bien para mezclar y sirva inmediatamente.

Bolas de pan de jengibre

Preparación + tiempo de cocción: 1 hora y 30 minutos | Porciones: 3

Ingredientes:

1 libra de carne molida

1 taza de cebolla, finamente picada

3 cucharadas de aceite de oliva

¼ taza de cilantro fresco, finamente picado

¼ taza de menta fresca, finamente picada

2 cucharaditas de pasta de jengibre

1 cucharadita de pimienta de cayena

2 cucharaditas de sal

Instrucciones:

En un tazón grande, combine la carne molida, la cebolla, el aceite de oliva, el cilantro, la menta, el cilantro, la pasta de jengibre, la pimienta de cayena y la sal. Formar las albóndigas y dejar reposar en el frigorífico durante 15 minutos. Retire del refrigerador y transfiéralo a bolsas separadas que se puedan sellar al vacío. Cocine en Sous Vide durante 1 hora a 154F.

Bolas de bacalao

Tiempo de preparación + cocción: 105 minutos | Porciones: 5

Ingredientes:

12 onzas de bacalao picado

2 onzas de pan

1 cucharada de mantequilla

¼ taza de harina

1 cucharada de sémola

2 cucharadas de agua

1 cucharada de ajo picado

Sal y pimienta negra al gusto

¼ de cucharadita de pimentón

Instrucciones:

Preparar un baño maría y poner en él el Sous Vide. Establecer en 125F.

Mezclar el pan y el agua y machacar la mezcla. Agregue los demás ingredientes y mezcle bien para combinar. Forma bolitas con la mezcla.

Rocíe una sartén con aceite en aerosol y cocine las albóndigas a fuego medio durante unos 15 segundos por lado, hasta que estén ligeramente tostadas. Colocar los bocados de bacalao en una bolsa sellable al vacío. Liberar el aire estrujando el agua, cerrar y sumergir la bolsa al baño maría. Ajuste el temporizador para 1 hora y 30 minutos. Después de que el cronómetro se detenga, retire la bolsa y coloque los bocados de bacalao en el plato. Atender.

Zanahorias nuevas glaseadas

Preparación + tiempo de cocción: 3 horas 10 minutos | Porciones: 4

Ingredientes:

1 taza de zanahorias tiernas
4 cucharadas de azúcar moreno
1 taza de chalotes picados
1 cucharada de mantequilla
Sal y pimienta negra al gusto
1 cucharada de eneldo

Instrucciones:

Preparar un baño maría y poner en él el Sous Vide. Ajuste a 165 F. Coloque todos los ingredientes en una bolsa sellable al vacío. Agitar para cubrir. Liberar el aire estrujando el agua, cerrar y sumergir al baño maría. Ajuste el temporizador para 3 horas. Después de que el temporizador se haya detenido, retire la bolsa. Servir caliente.

alitas de pollo calientes

Preparación + tiempo de cocción: 4 horas y 15 minutos | Porciones: 4

Ingredientes:

2 kilogramos de alitas de pollo

½ barra de mantequilla, derretida

¼ taza de salsa roja picante

½ cucharadita de sal

Instrucciones:

Preparar un baño maría y poner en él el Sous Vide. Ajuste a 170 F. Sazone el pollo con sal y colóquelo en 2 bolsas sellables al vacío. Liberar el aire por el método de desplazamiento de agua, cerrar y sumergir en la tina. Cocine por 4 horas. Cuando haya terminado, retire las bolsas. Mezclar la salsa y la mantequilla hasta que quede esponjoso. Vierta la mezcla sobre las alas.

Muffins con cebolla y tocino

Preparación + tiempo de cocción: 3 horas 45 minutos | Porciones: 5

Ingredientes:

1 cebolla picada

6 onzas de tocino, picado

1 taza de harina

4 cucharadas de mantequilla, derretida

1 huevo

1 cucharadita de bicarbonato de sodio

1 cucharada de vinagre

¼ cucharadita de sal

Instrucciones:

Preparar un baño maría y poner en él el Sous Vide. Ajuste a 196F.

Durante este tiempo, fríe el tocino en una sartén a fuego medio hasta que esté crujiente. Transfiera a un tazón y agregue la cebolla al tocino y cocine por unos minutos hasta que esté suave.

Pasar a un bol y mezclar los demás ingredientes. Divide la masa para muffins en 5 frascos pequeños. Tenga cuidado de no llenar más de la mitad. Coloque los frascos en un baño de agua y configure el temporizador durante 3 horas y 30 minutos. Después de que el temporizador se detenga, retire los frascos y sirva.

Mejillones al vino blanco

Preparación + tiempo de cocción: 1 hora y 20 minutos | Porciones: 3

Ingredientes:

1 kilo de mejillones frescos

3 cucharadas de aceite de oliva virgen extra

1 taza de cebolla, finamente picada

¼ taza de perejil fresco, finamente picado

3 cucharadas de tomillo fresco, picado

1 cucharada de ralladura de limón

1 vaso de vino blanco seco

Instrucciones:

Caliente el aceite en una sartén mediana. Añadir la cebolla y sofreír hasta que se ponga transparente. Agregue la ralladura de limón, el perejil y el tomillo. Mezclar bien y transferir a una bolsa de vacío. Añadir los mejillones y una copa de vino blanco seco. Selle la bolsa y cocine en Sous Vide durante 40 minutos a 104F.

Maíz tamari en la mazorca

Preparación + tiempo de cocción: 3 horas 15 minutos | Porciones: 8

Ingredientes:

1 kilo de mazorcas de maíz

1 cucharada de mantequilla

¼ taza de salsa tamari

2 cucharadas de pasta de miso

1 cucharadita de sal

Instrucciones:

Preparar un baño maría y poner en él el Sous Vide. Fije a 185F.

Batir el tamari, la mantequilla, el miso y la sal. Coloca el maíz en una bolsa de plástico y vierte la mezcla sobre él. Agitar para cubrir. Liberar el aire estrujando el agua, cerrar y sumergir la bolsa al baño maría. Ajuste el temporizador para 3 horas. Después de que el temporizador se haya detenido, retire la bolsa. Servir caliente.

Vieiras con tocino

Tiempo de preparación + cocción: 50 minutos | Porciones: 6

Ingredientes:

10 oz de vieiras

3 onzas de tocino, rebanado

½ cebolla, rallada

½ cucharadita de pimienta blanca

1 cucharada de aceite de oliva

Instrucciones:

Preparar un baño maría y poner en él el Sous Vide. Fije a 140F.

Espolvorea las vieiras con la cebolla rallada y envuélvelas con lonchas de tocino. Espolvorear con pimienta blanca y rociar con aceite. Poner en una bolsa de plástico. Liberar el aire estrujando el agua, cerrar y sumergir la bolsa al baño maría. Ajuste el temporizador a 35 minutos. Después de que el temporizador se haya detenido, retire la bolsa. Atender.

Aperitivo de gambas

Tiempo de preparación + cocción: 75 minutos | Porciones: 8

Ingredientes:

1 kilo de camarones

3 cucharadas de aceite de sésamo

3 cucharadas de jugo de limón

½ taza de perejil

Sal y pimienta blanca al gusto

Instrucciones:

Preparar un baño maría y poner en él el Sous Vide. Fije a 140F.

Ponga todos los ingredientes en una bolsa de vacío. Agitar para cubrir bien los camarones. Liberar el aire estrujando el agua, cerrar y sumergir la bolsa al baño maría. Ajuste el temporizador para 1 hora. Después de que el temporizador se haya detenido, retire la bolsa. Servir caliente.

crema de higado de pollo

Preparación + tiempo de cocción: 5 horas 15 minutos | Porciones: 8

Ingredientes:

1 kilo de hígado de pollo

6 huevos

8 onzas de tocino, picado

2 cucharadas de salsa de soya

3 onzas de chalotes, picados

3 cucharadas de vinagre

Sal y pimienta negra al gusto

4 cucharadas de mantequilla

½ cucharadita de pimentón

Instrucciones:

Preparar un baño maría y poner en él el Sous Vide. Ajuste a 156F.

Cocine el tocino en una sartén a fuego medio, agregue los chalotes y cocine por 3 minutos. Mezclar la salsa de soja y el vinagre. Transfiera a una licuadora junto con los demás ingredientes. Mezclar hasta que esté suave. Ponga todos los ingredientes en un frasco y ciérrelo. Cocine por 5 horas. Cuando el temporizador se detenga, retire el frasco y sirva.

Verdura De Calabaza De Jengibre

Preparación + tiempo de cocción: 70 minutos | Porciones: 8

Ingredientes:

14 onzas de calabaza moscada

1 cucharada de jengibre rallado

1 cucharadita de mantequilla, derretida

1 cucharadita de jugo de limón

Sal y pimienta negra al gusto

¼ de cucharadita de cúrcuma

Instrucciones:

Preparar un baño maría y poner en él el Sous Vide. Fije a 185F.

Pelar la calabaza y cortarla en rodajas. Ponga todos los ingredientes en una bolsa de vacío. Agitar para cubrir bien. Liberar el aire estrujando el agua, cerrar y sumergir la bolsa al baño maría. Ajuste el temporizador a 55 minutos. Después de que el temporizador se haya detenido, retire la bolsa. Servir caliente.

colas de langosta

Tiempo de preparación + cocción: 50 minutos | Porciones: 6

Ingredientes:

1 libra de colas de langosta, sin cáscara
½ limón
½ cucharadita de ajo en polvo
¼ de cucharadita de cebolla en polvo
1 cucharada de romero
1 cucharadita de aceite de oliva

Instrucciones:

Preparar un baño maría y poner en él el Sous Vide. Fije a 140F.

Sazone la langosta con ajo y cebolla en polvo. Poner en una bolsa de vacío. Agregue el resto de los ingredientes y agite para cubrir. Liberar el aire estrujando el agua, cerrar y sumergir la bolsa al baño maría. Ponga el temporizador en 40 minutos. Después de que el temporizador se haya detenido, retire la bolsa. Servir caliente.

tofu a la parrilla

Preparación + tiempo de cocción: 2 horas y 15 minutos | Porciones: 8

Ingredientes:

15 onzas de tofu

3 cucharadas de salsa barbacoa

2 cucharadas de salsa tamari

1 cucharadita de cebolla en polvo

1 cucharadita de sal

Instrucciones:

Preparar un baño maría y poner en él el Sous Vide. Fije a 180F.

Cortar el tofu en cubos. Póngalo en una bolsa de plástico. Liberar el aire estrujando el agua, cerrar y sumergir la bolsa al baño maría. Ajuste el temporizador para 2 horas.

Cuando el temporizador se detenga, retire la bolsa y transfiérala a un tazón. Agregue los otros ingredientes y revuelva para combinar.

Deliciosa tostada francesa

Preparación + tiempo de cocción: 100 minutos | Porciones: 2

Ingredientes:

2 huevos

4 rebanadas de pan

½ taza de leche

½ cucharadita de canela

1 cucharada de mantequilla, derretida

Instrucciones:

Preparar un baño maría y poner en él el Sous Vide. Fije a 150F.

Mezcla los huevos, la leche, la mantequilla y la canela hasta que esté espumoso. Poner las rebanadas de pan en una bolsa que se pueda sellar al vacío y cubrir con la mezcla de huevo. Agitar para cubrir bien. Liberar el aire estrujando el agua, cerrar y sumergir la bolsa al baño maría. Ajuste el temporizador para 1 hora y 25 minutos. Después de que el temporizador se haya detenido, retire la bolsa. Servir caliente.

Pato dulce y enojado

Preparación + tiempo de cocción: 70 minutos | Porciones: 4

Ingredientes:

1 libra de pechuga de pato

1 cucharadita de tomillo

1 cucharadita de orégano

2 cucharadas de miel

½ cucharadita de chile en polvo

½ cucharadita de pimentón

1 cucharadita de sal de ajo

1 cucharada de aceite de sésamo

Instrucciones:

Preparar un baño maría y poner en él el Sous Vide. Ajuste a 158F.

Mezcle la miel, el aceite, las especias y las hierbas hasta que quede espumoso. Cubre el pato con la mezcla y colócalo en una bolsa con cierre. Liberar el aire estrujando el agua, cerrar y sumergir la bolsa al baño maría. Ajuste el temporizador a 60 minutos.

Después de que el temporizador se haya detenido, retire la bolsa y corte la pechuga de pato. Servir caliente.

Ruibarbo en escabeche envasado al vacío

Preparación + tiempo de cocción: 40 minutos | Porciones: 8

Ingredientes:

2 libras de ruibarbo, en rodajas

7 cucharadas de vinagre de sidra de manzana

1 cucharada de azúcar moreno

¼ de tallo de apio picado

¼ cucharadita de sal

Instrucciones:

Preparar un baño maría y poner en él el Sous Vide. Ajuste a 180 F. Coloque todos los ingredientes en una bolsa sellable al vacío. Agitar para cubrir bien. Liberar el aire estrujando el agua, cerrar y sumergir la bolsa al baño maría. Cocine por 25 minutos. Después de que el temporizador se haya detenido, retire la bolsa. Servir caliente.

albóndigas de pavo

Preparación + tiempo de cocción: 2 horas 10 minutos | Porciones: 4

Ingredientes:

12 onzas de pavo molido

2 cucharaditas de salsa de tomate

1 huevo

1 cucharadita de cilantro

1 cucharada de mantequilla

Sal y pimienta negra al gusto

1 cucharada de pan rallado

½ cucharadita de tomillo

Instrucciones:

Preparar un baño maría y poner en él el Sous Vide. Ajuste a 142F.

Mezclar todos los ingredientes en un bol. Forma la mezcla en empanadas. Poner en una bolsa de vacío. Liberar el aire estrujando el agua, cerrar y sumergir la bolsa al baño maría. Ajuste el temporizador para 2 horas. Después de que el temporizador se haya detenido, retire la bolsa. Servir caliente.

Muslos dulces con tomates secos

Tiempo de preparación + cocción: 75 minutos | Porciones: 7)

Ingredientes:

2 kilogramos de muslos de pollo

3 onzas de tomates secados al sol, picados

1 cebolla amarilla, picada

1 cucharadita de romero

1 cucharada de azúcar

2 cucharadas de aceite de oliva

1 huevo batido

Instrucciones:

Preparar un baño maría y poner en él el Sous Vide. Ajuste a 149F.

Combine todos los ingredientes en una bolsa con cierre y agite para cubrir bien. Liberar el aire estrujando el agua, cerrar y sumergir la bolsa al baño maría. Ajuste el temporizador a 63 minutos. Después de que el temporizador se haya detenido, retire la bolsa y sirva como desee.

pollo adobado

Preparación + tiempo de cocción: 4 horas 25 minutos | Porciones: 6

Ingredientes:

2 kilogramos de muslos de pollo

3 cucharadas de granos de pimienta

1 taza de caldo de pollo

½ taza de salsa de soya

2 cucharadas de vinagre

1 cucharada de ajo en polvo

Instrucciones:

Preparar un baño maría y poner en él el Sous Vide. Fije en 155F.

Coloque el pollo, la salsa de soja y el ajo en polvo en una bolsa con cierre. Liberar el aire estrujando el agua, cerrar y sumergir la bolsa al baño maría. Ajuste el temporizador para 4 horas. Después de que el temporizador se detenga, retire la bolsa y colóquela en la olla. Añade los demás ingredientes. Cocine por otros 15 minutos.

Chorizo de Frutas "Cómeme".

Tiempo de preparación + cocción: 75 minutos | Porciones: 4

ingredientes

2 1/2 tazas de uvas blancas sin semillas y sin tallo

1 cucharada de romero fresco, picado

2 cucharadas de mantequilla

4 chorizos

2 cucharadas de vinagre balsámico

Sal y pimienta negra al gusto

Instrucciones

Preparar un baño maría y poner en él el Sous Vide. Ponga a 165 F. Coloque la mantequilla, las uvas blancas, el romero y el chorizo en una bolsa sellable al vacío. Agitar bien. Liberar el aire estrujando el agua, cerrar y sumergir la bolsa al baño maría. Hornear durante 60 minutos.

Después de que el temporizador se haya detenido, transfiera la mezcla de chorizo a un plato. Vierta el líquido de cocción en la olla caliente junto con las uvas y el vinagre balsámico. Mezclar durante 3 minutos. Vierta la salsa de uva sobre el chorizo.

Pollo y champiñones en salsa marsala

Preparación + tiempo de cocción: 2 horas 25 minutos | Porciones: 2

Ingredientes:

2 pechugas de pollo, sin piel y sin hueso

1 copa de vino Marsala

1 taza de caldo de pollo

14 oz de champiñones, en rodajas

½ cucharada de harina

1 cucharada de mantequilla

Sal y pimienta negra al gusto

2 dientes de ajo, picados

1 chalota, picada

Instrucciones:

Preparar un baño maría y poner en él el Sous Vide. Ajuste a 140 F. Sazone el pollo con sal y pimienta y colóquelo en una bolsa sellada al vacío junto con los champiñones. Liberar el aire estrujando el agua, cerrar y sumergir al baño maría. Cocine por 2 horas.

Después de que el temporizador se haya detenido, retire la bolsa. Derrita la mantequilla en una sartén a fuego medio, agregue la harina y otros ingredientes. Cocine hasta que la salsa espese. Agregue el pollo y cocine por 1 minuto.

Albaricoques de vainilla con whisky

Preparación + tiempo de cocción: 45 minutos | Porciones: 4

ingredientes

2 albaricoques, sin hueso y en cuartos

½ taza de whisky de centeno

½ taza de azúcar ultrafina

1 cucharadita de extracto de vainilla

Agregar sal al gusto

Instrucciones

Preparar un baño maría y poner en él el Sous Vide. Ajuste a 182 F. Coloque todos los ingredientes en una bolsa sellable al vacío. Liberar el aire estrujando el agua, cerrar y sumergir al baño maría. Cocine por 30 minutos. Después de que el temporizador se haya detenido, retire la bolsa y transfiérala al baño de hielo.

Hummus ligeramente especiado

Preparación + tiempo de cocción: 3 horas 35 minutos | Porciones: 6

ingredientes

1 1/2 tazas de garbanzos secos, remojados durante la noche
2 litros de agua
¼ taza de jugo de limón
¼ taza de pasta de tahini
2 dientes de ajo, picados
2 cucharadas de aceite de oliva
½ cucharadita de semillas de comino
½ cucharadita de sal
1 cucharadita de pimienta de cayena

Instrucciones

Preparar un baño maría y poner en él el Sous Vide. Ajuste a 196F.

Escurre los garbanzos y métemos en una bolsa de vacío con 1 litro de agua. Liberar el aire estrujando el agua, cerrar y sumergir la bolsa al baño maría. Cocine por 3 horas. Después de que el temporizador se haya detenido, retire la bolsa y transfiérala al baño de agua helada y déjala enfriar.

Mezcla el jugo de limón y la pasta de tahini en una licuadora durante 90 segundos. Agregue el ajo, el aceite de oliva, las semillas de comino y la sal, mezcle durante 30 segundos hasta que quede suave. Escurrir los garbanzos y escurrirlos. Para un hummus más suave, pela los garbanzos.

En un procesador de alimentos, mezcle la mitad de los garbanzos con la mezcla de tahini y mezcle durante 90 segundos. Agregue los garbanzos restantes y mezcle hasta que quede suave. Ponga la mezcla en un plato y adorne con pimienta de cayena y los garbanzos restantes.

Varita de lima kaffir

Preparación + tiempo de cocción: 80 minutos | Porciones: 7)

Ingredientes:

16 onzas de muslos de pollo
2 cucharadas de hojas de cilantro
1 cucharadita de menta seca
1 cucharadita de tomillo
Sal y pimienta blanca al gusto
1 cucharada de aceite de oliva
1 cucharada de hojas de lima kaffir picadas

Instrucciones:

Preparar un baño maría y poner en él el Sous Vide. Ajuste a 153 F. Coloque todos los ingredientes en una bolsa sellable al vacío. Frote para cubrir bien el pollo. Liberar el aire estrujando el agua, cerrar y sumergir la bolsa al baño maría. Ajuste el temporizador a 70 minutos. Cuando haya terminado, retire la bolsa. Servir caliente.

Puré de patatas con leche al romero

Preparación + tiempo de cocción: 1 hora y 45 minutos | Porciones: 4

ingredientes

2 kilogramos de papas rojas

5 dientes de ajo

8 onzas de mantequilla

1 taza de leche entera

3 ramitas de romero

Sal y pimienta blanca al gusto

Instrucciones

Preparar un baño maría y poner en él el Sous Vide. Ajuste a 193 F. Lave y pele las papas y córtelas en rodajas. Coge el ajo, pélalo y tritúralo. Mezcle las papas, el ajo, la mantequilla, 2 cucharadas de sal y el romero. Poner en una bolsa de vacío. Liberar el aire estrujando el agua, cerrar y sumergir la bolsa al baño maría. Cocine por 1 hora y 30 minutos.

Después de que el temporizador se detenga, retire la bolsa y transfiéralos a un tazón y macháquelos. Agregue la mantequilla y la leche mezcladas. Agregue sal y pimienta. Espolvorear con el romero y servir.

Brochetas dulces de tofu con verduras

Preparación + tiempo de cocción: 65 minutos | Porciones: 8)

ingredientes

1 calabacín, en rodajas

1 berenjena, cortada en rodajas

1 pimiento amarillo, picado

1 pimiento rojo picado

1 pimiento verde picado

16 onzas de tofu con queso

¼ taza de aceite de oliva

1 cucharadita de miel

Sal y pimienta negra al gusto

Instrucciones

Preparar un baño maría y poner en él el Sous Vide. Ajuste a 186F.

Coloque el calabacín y la berenjena en una bolsa con cierre. Coloque los trozos de pimiento en una bolsa sellable al vacío. Liberar el aire estrujando el agua, cerrar y sumergir las bolsas al baño maría. Cocine por 45 minutos. Después de 10 minutos, caliente la sartén a fuego medio.

Colar el tofu y secarlo. Dado. Cubrir con aceite de oliva y transferir a una sartén y freír hasta que estén doradas por ambos lados. Transfiera a un tazón, cubra con miel y cubra. Dejar enfriar. Después de que el temporizador se detenga, retire las bolsas y transfiera todo el contenido a un recipiente. Agregue sal y pimienta. Desechar los jugos de cocción. Poner las verduras y el tofu, alternativamente, en las brochetas.

Filetes de pollo al estilo Dijon

Preparación + tiempo de cocción: 65 minutos | Porciones: 4

Ingredientes:

1 libra de filetes de pollo

3 cucharadas de mostaza Dijon

2 cebollas, ralladas

2 cucharadas de almidón de maíz

½ taza de leche

1 cucharada de ralladura de limón

1 cucharadita de tomillo

1 cucharadita de orégano

Ajo, sal y pimienta negra al gusto

1 cucharada de aceite de oliva

Instrucciones:

Preparar un baño maría y poner en él el Sous Vide. Ajuste a 146 F. Bata todos los ingredientes y colóquelos en una bolsa sellable al vacío. Liberar el aire estrujando el agua, cerrar y sumergir la bolsa al baño maría. Ajuste el temporizador a 45 minutos. Después de que se detenga el temporizador, retire la bolsa y transfiérala a la olla y cocine a fuego medio durante 10 minutos.

Pimientos rellenos de zanahorias y nueces

Preparación + tiempo de cocción: 2 horas 35 minutos | Porciones: 5

ingredientes

4 chalotes, picados

4 zanahorias, picadas

4 dientes de ajo picados

1 taza de anacardos crudos, remojados y escurridos

1 taza de pecanas, remojadas y escurridas

1 cucharada de vinagre balsámico

1 cucharada de salsa de soya

1 cucharada de comino molido

2 cucharaditas de paprika

1 cucharadita de ajo en polvo

1 pizca de pimienta de cayena

4 ramitas de tomillo fresco

Ralladura de 1 limón

4 pimientos, tapas y semillas recortadas

Instrucciones

Preparar un baño maría y poner en él el Sous Vide. Ajuste a 186F.

Combine las zanahorias, el ajo, los chalotes, los anacardos, las nueces, el vinagre balsámico, la salsa de soya, el comino, el pimentón, el ajo en polvo, el pimiento rojo, el tomillo y la ralladura de limón en una licuadora. Licúa hasta obtener una mezcla gruesa.

Vierta la mezcla en las cáscaras de pimiento y colóquelas en una bolsa de vacío. Liberar el aire estrujando el agua, cerrar y sumergir la bolsa al baño maría. Cocine por 1 hora y 15 minutos. Cuando el temporizador se detenga, retire los pimientos y transfiéralos a un plato.

Pato a la naranja con pimentón y tomillo

Preparación + tiempo de cocción: 15 horas 10 minutos | Porciones: 4

Ingredientes:

16 onzas de muslos de pato
1 cucharadita de ralladura de naranja
2 cucharadas de hojas de kaffir
1 cucharadita de sal
1 cucharadita de azúcar
1 cucharada de jugo de naranja
2 cucharaditas de aceite de sésamo
½ cucharadita de pimentón
½ cucharadita de tomillo

Instrucciones:

Preparar un baño maría y poner en él el Sous Vide. Ajuste a 160 F. Coloque todos los ingredientes en una bolsa sellable al vacío. Combina bien el masaje. Liberar el aire estrujando el agua, cerrar y sumergir la bolsa al baño maría. Ajuste el temporizador para 15 horas.

Después de que el temporizador se haya detenido, retire la bolsa. Servir caliente.

Pierna de pavo envuelta en tocino

Preparación + tiempo de cocción: 6 horas 15 minutos | Porciones: 5

Ingredientes:

14 onzas de pierna de pavo

5 onzas de tocino, rebanado

½ cucharadita de hojuelas de pimiento rojo

2 cucharaditas de aceite de oliva

1 cucharada de crema agria

½ cucharadita de orégano

½ cucharadita de pimentón

¼ de limón, cortado en rodajas

Instrucciones:

Preparar un baño maría y poner en él el Sous Vide. Fije a 160F.

Mezcle las hierbas y especias con la crema agria en un tazón y cubra el pavo. Envuelva en tocino y rocíe con aceite de oliva. Poner en una bolsa con cierre junto con el limón. Liberar el aire estrujando el agua, cerrar y sumergir la bolsa al baño maría. Ajuste el temporizador para 6 horas. Después de que el temporizador se haya detenido, retire la bolsa y corte. Servir caliente.

Mix de espárragos con estragón

Tiempo de preparación + cocción: 25 minutos | Porciones: 3

Ingredientes:

1 ½ lb de espárragos medianos

5 cucharadas de mantequilla

2 cucharadas de jugo de limón

½ cucharadita de ralladura de limón

1 cucharada de cebollín, en rodajas

1 cucharada de perejil picado

1 cucharada + 1 cucharada de eneldo fresco, picado

1 cucharada + 1 cucharada de estragón picado

Instrucciones:

Tome un baño de agua, coloque el Sous Vide y ajústelo a 183 F. Corte y deseche la parte inferior dura de los espárragos. Pon los espárragos en una bolsa con cierre.

Libere el aire exprimiendo el agua, selle y sumerja en un baño de agua y configure el temporizador durante 10 minutos.

Después de que el temporizador se haya detenido, retire la bolsa y ábrala. Ponga la sartén a fuego lento, agregue la mantequilla y los espárragos al vapor. Sazone con sal y pimienta y revuelva constantemente. Agregue el jugo de limón y la ralladura y cocine por 2 minutos.

Apague el fuego y agregue el perejil, 1 cucharada de eneldo y 1 cucharada de estragón. Fundir uniformemente. Adorne con el eneldo restante y el estragón. Servir caliente como guarnición.

Filetes de coliflor sazonados

Preparación + tiempo de cocción: 35 minutos | Porciones: 5

Ingredientes:

1 libra de coliflor, en rodajas

1 cucharada de cúrcuma

1 cucharadita de chile en polvo

½ cucharadita de ajo en polvo

1 cucharadita de sriracha

1 cucharada de chipotle

1 cuchara pesada

2 cucharadas de mantequilla

Instrucciones:

Preparar un baño maría y poner en él el Sous Vide. Fije a 185F.

Bate todos los ingredientes excepto la coliflor. Cubre los filetes de coliflor con la mezcla. Póngalos en una bolsa que se pueda sellar al vacío. Liberar el aire estrujando el agua, cerrar y sumergir la bolsa al baño maría. Ajuste el temporizador a 18 minutos.

Después de que el temporizador se haya detenido, retire la bolsa y precaliente la parrilla y cocine los bistecs durante un minuto por cada lado.

Tiras de patata cayena con aliño de mayonesa

Preparación + tiempo de cocción: 1 hora y 50 minutos | Porciones: 6

ingredientes

2 papas doradas grandes, cortadas en tiras

Sal y pimienta negra al gusto

1 cucharada y media de aceite de oliva

1 cucharadita de tomillo

1 cucharadita de paprika

½ cucharadita de pimienta de cayena

1 yema de huevo

2 cucharadas de vinagre de sidra

¾ taza de aceite vegetal

Sal y pimienta negra al gusto

Instrucciones

Preparar un baño maría y poner en él el Sous Vide. Ajuste a 186 F. Coloque las papas con una pizca de sal en una bolsa sellable al vacío. Liberar el aire estrujando el agua, cerrar y sumergir al baño maría. Cocine por 1 hora y 30 minutos.

Después de que el temporizador se haya detenido, retire las papas y séquelas con una toalla de cocina. Desechar los jugos de cocción. Calentar el aceite en una sartén a fuego medio. Agregue las papas fritas y espolvoree con el pimentón restante, la cayena, el tomillo, la pimienta negra y la sal. Revuelva durante 7 minutos hasta que las papas estén doradas por todos lados.

Para hacer la mayonesa: mezclar bien la yema de huevo y la mitad del vinagre. Vierta lentamente el aceite vegetal mientras revuelve hasta obtener una mezcla homogénea. Agregue el vinagre restante. Sazone con sal y pimienta y mezcle bien. Servir con papas fritas.

Pato a la mantequilla y dulce

Preparación + tiempo de cocción: 7 horas 10 minutos | Porciones: 7)

Ingredientes:

2 kilos de alitas de pato
2 cucharadas de azúcar
3 cucharadas de mantequilla
1 cucharada de jarabe de arce
1 cucharadita de pimienta negra
1 cucharadita de sal
1 cucharada de pasta de tomate

Instrucciones:

Preparar un baño maría y poner en él el Sous Vide. Establecido en 175F.

Mezclar los ingredientes en un bol y cubrir las alitas con la mezcla. Coloque las alitas en una bolsa con cierre y cubra con la mezcla restante. Liberar el aire estrujando el agua, cerrar y sumergir la bolsa al baño maría. Ajuste el temporizador para 7 horas. Después de que el temporizador se haya detenido, retire la bolsa y corte. Servir caliente.

ñame con mantequilla

Preparación + tiempo de cocción: 1 hora y 10 minutos | Porciones: 4

ingredientes

1 libra de batatas, en rodajas
8 cucharadas de mantequilla
½ taza de crema
Agregar sal al gusto

Instrucciones

Preparar un baño maría y poner en él el Sous Vide. Ajuste a 186 F. Agregue la crema espesa, las batatas, la sal kosher y la mantequilla. Poner en una bolsa de vacío. Liberar el aire estrujando el agua, cerrar y sumergir la bolsa al baño maría. Hornear durante 60 minutos.

Cuando el temporizador se detenga, retire la bolsa y vierta el contenido en un tazón. Mezclar bien con un procesador de alimentos y servir.

Quiche de espinacas y champiñones

Preparación + tiempo de cocción: 20 minutos | Porciones: 2

Ingredientes:

1 taza de champiñones Cremini frescos, en rodajas

1 taza de espinacas frescas, picadas

2 huevos grandes, batidos

2 cucharadas de leche entera

1 diente de ajo, picado

¼ taza de parmesano rallado

1 cucharada de mantequilla

½ cucharadita de sal

Instrucciones:

Lava los champiñones con agua fría y córtalos en rodajas finas. Dejar de lado. Lava bien las espinacas y pícalas en trozos grandes.

Ponga los champiñones, las espinacas, la leche, el ajo y la sal en una bolsa de vacío grande. Selle la bolsa y cocine en sous vide durante 10 minutos a 180 F.

Mientras tanto, derrita la mantequilla en una cacerola grande a fuego medio. Retire la mezcla de vegetales de la bolsa y agréguela a la olla. Cocine por 1 minuto, luego agregue los huevos batidos. Mezcle bien hasta que se combinen y cocine hasta que los huevos estén firmes. Espolvorear con queso rallado y retirar del fuego para servir.

Maíz Mantequilla Mexicano

Preparación + tiempo de cocción: 40 minutos | Porciones: 2

ingredientes

2 mazorcas de maíz, sin cáscara

2 cucharadas de mantequilla fría

Sal y pimienta negra al gusto

¼ taza de mayonesa

½ cucharada de chile mexicano en polvo

½ cucharadita de ralladura de lima

¼ taza de queso feta desmenuzado

¼ taza de cilantro fresco picado

Gajos de lima, para servir

Instrucciones

Preparar un baño maría y poner en él el Sous Vide. Ajuste a 183F.

Coloque la mazorca y la mantequilla en una bolsa sellable al vacío. Agregue sal y pimienta. Liberar el aire estrujando el agua, cerrar y sumergir la bolsa al baño maría. Cocine por 30 minutos.

Después de que el temporizador se haya detenido, retire el maíz. Coloque la mayonesa, la ralladura de limón y el chile en polvo en una bolsa pequeña. Agitar bien. Pon el queso feta en un plato. Cubra las mazorcas de maíz con 1 cucharada de la mezcla de mayonesa y páselas por encima del queso. Adorne con sal. Atender.

Peras con queso y nueces

Tiempo de preparación + cocción: 55 minutos | Porciones: 2

ingredientes

1 pera, en rodajas

1 kilo de miel

½ taza de nueces

4 cucharadas de Grana Padano rallado

2 tazas de hojas de rúcula

Sal y pimienta negra al gusto

2 cucharadas de jugo de limón

2 cucharadas de aceite de oliva

Instrucciones

Preparar un baño maría y poner en él el Sous Vide. Ajuste a 158 F. Mezcle la miel y las peras. Poner en una bolsa de vacío. Liberar el aire estrujando el agua, cerrar y sumergir la bolsa al baño maría. Cocine por 45 minutos. Cuando el temporizador se detenga, retire la bolsa y transfiérala a un tazón. Vierta sobre el aderezo.

Gachas de brócoli y gorgonzola

Preparación + tiempo de cocción: 1 hora y 40 minutos | Porciones: 6

ingredientes

1 cabeza de brócoli, cortado en floretes
3 cucharadas de mantequilla
Sal y pimienta negra al gusto
1 cucharada de perejil
5 onzas de queso azul, desmoronado

Instrucciones

Preparar un baño maría y poner en él el Sous Vide. Ajuste a 186F.

Coloque el brócoli, la mantequilla, la sal, el perejil y la pimienta negra en una bolsa con cierre. Liberar el aire estrujando el agua, cerrar y sumergir la bolsa al baño maría. Cocine por 1 hora y 30 minutos.

Cuando el temporizador se detenga, retire la bolsa y transfiérala a la licuadora. Agregue el queso y mezcle a alta velocidad durante 3-4 minutos hasta que quede suave. Atender.

Calabacín al curry

Preparación + tiempo de cocción: 40 minutos | Porciones: 3

Ingredientes:

3 calabacines pequeños, cortados en cubos

2 cucharaditas de curry en polvo

1 cucharada de aceite de oliva

Sal y pimienta negra al gusto

¼ taza de cilantro

Instrucciones:

Tome un baño de agua, coloque el Sous Vide y ajústelo a 185 F. Coloque el calabacín en una bolsa de vacío. Liberar el aire estrujando el agua, cerrar y sumergir la bolsa al baño maría. Cocine por 20 minutos. Después de que el temporizador se haya detenido, retire y abra la bolsa. Ponga la sartén a fuego medio, agregue el aceite de oliva. Cuando esté caliente, añadir los calabacines y los demás ingredientes enumerados. Añadir sal y saltear durante 5 minutos. Servir como guarnición.

Batatas al horno con nueces

Preparación + tiempo de cocción: 3 horas 45 minutos | Porciones: 2

ingredientes

1 libra de batatas, en rodajas
Agregar sal al gusto
¼ taza de nueces
1 cucharada de aceite de coco

Instrucciones

Preparar un baño maría y poner en él el Sous Vide. Ajuste a 146 F. Coloque las papas y la sal en una bolsa sellable al vacío. Liberar el aire estrujando el agua, cerrar y sumergir la bolsa al baño maría. Cocine por 3 horas. Calienta una sartén a fuego medio y tuesta las nueces. Picarlos.

Precaliente a 375 F y cubra una bandeja para hornear con papel pergamino. Cuando el temporizador se detenga, retire las papas y transfiéralas a una bandeja para hornear. Rocíe con aceite de coco y hornee durante 20-30 minutos. Tirar una vez. Servir adornado con nueces tostadas.

Nabo marinado picante

Tiempo de preparación + cocción: 50 minutos | Porciones: 4

ingredientes

12 oz de remolacha, en rodajas
½ chile jalapeño
1 diente de ajo cortado en cubos
2/3 taza de vinagre blanco
2/3 taza de agua
2 cucharadas de especias en escabeche

Instrucciones

Preparar un baño maría y poner en él el Sous Vide. Ajuste a 192 F. En 5 frascos, combine el chile jalapeño, la remolacha y los dientes de ajo.

Caliente una cacerola y hierva las especias para encurtir, el agua y el vinagre blanco. Escurra y vierta la mezcla de remolacha en los frascos. Cierra y sumerge los frascos en un baño de agua. Cocine por 40 minutos. Cuando el temporizador se detenga, retire los frascos y déjelos enfriar. Atender.

Mantequilla De Maíz Condimentada

Preparación + tiempo de cocción: 35 minutos | Porciones: 5

ingredientes

5 cucharadas de mantequilla

5 mazorcas de elote amarillo, peladas

1 cucharada de perejil fresco

½ cucharadita de pimienta de cayena

Agregar sal al gusto

Instrucciones

Preparar un baño maría y poner en él el Sous Vide. Ajuste a 186F.

Coloque 3 mazorcas de maíz en cada bolsa sellable al vacío. Liberar el aire estrujando el agua, cerrar y sumergir las bolsas al baño maría. Cocine por 30 minutos. Después de que el temporizador se haya detenido, retire el maíz de las bolsas y transfiéralo a un plato. Decorar con pimienta de cayena y perejil.

Patatas con pimentón y romero

Tiempo de preparación + cocción: 55 minutos | Porciones: 4

ingredientes

8 onzas de patata en tiras
Sal y pimienta negra al gusto
1 cucharada de mantequilla
1 ramita de romero
1 cucharadita de paprika

Instrucciones

Preparar un baño maría y poner en él el Sous Vide. Ajuste a 178F.

Mezclar las patatas con sal, pimentón y pimienta. Póngalos en una bolsa que se pueda sellar al vacío. Liberar el aire estrujando el agua, cerrar y sumergir la bolsa al baño maría. Cocine por 45 minutos.

Cuando el temporizador se detenga, saca las papas y córtalas por la mitad. Caliente la mantequilla en una sartén a fuego medio y agregue el romero y las papas. Cocine por 3 minutos. Servir en un plato. Adorne con sal.

Pan de calabaza en tarros

Preparación + tiempo de cocción: 3 horas 40 minutos | Porciones: 4

Ingredientes:

1 huevo batido
6 cucharadas de puré de calabaza en lata
6 onzas de harina
1 cucharadita de polvo de hornear
1 cucharadita de canela
¼ de cucharadita de nuez moscada
1 cucharada de azúcar
¼ cucharadita de sal

Instrucciones:

Preparar un baño maría y poner en él el Sous Vide. Establecido en 195F.

En un bol, tamizar la harina con la levadura, la sal, la canela y la nuez moscada. Combine el huevo batido, el azúcar y el puré de calabaza. Mezclar para hacer una masa.

Divide la mezcla entre dos frascos y sella. Llevar al baño maría y cocinar por 3 horas y 30 minutos. Pasado el tiempo, retira los tarros y déjalos enfriar antes de servir.

Huevos con puerro y ajo

Preparación + tiempo de cocción: 35 minutos | Porciones: 2

Ingredientes:

2 tazas de puerros frescos, picados en trozos pequeños
5 dientes de ajo, enteros
1 cucharada de mantequilla
2 cucharadas de aceite de oliva virgen extra
4 huevos grandes
1 cucharadita de sal

Instrucciones:

Batir los huevos, la mantequilla y la sal. Transfiera a una bolsa con cierre y cocine en Sous Vide durante diez minutos a 165 F. Transfiera suavemente a un plato. Caliente el aceite en una sartén grande a fuego medio. Añadir el ajo picado y los puerros. Sofreír durante diez minutos. Retire del fuego y use para batir los huevos.

Salsa cremosa de alcachofas

Preparación + tiempo de cocción: 1 hora y 45 minutos | Porciones: 6

Ingredientes:

2 cucharadas de mantequilla

2 cebollas, en cuartos

3 dientes de ajo, picados

15 onzas de corazones de alcachofa, picados

18 onzas de espinacas congeladas, descongeladas

5 onzas de chiles verdes

3 cucharadas de mayonesa

3 cucharadas de crema batida

Instrucciones:

Tome un baño de agua, coloque el Sous Vide y póngalo a 181 F. Divida la cebolla, el ajo, los corazones de alcachofa, la espinaca y el chile verde en 2 bolsas sellables al vacío. Liberar el aire estrujando el agua, cerrar y sumergir las bolsas al baño maría. Ajuste el temporizador durante 30 minutos para cocinar.

Después de que el temporizador se haya detenido, retire y abra las bolsas. Licúa los ingredientes con una licuadora. Coloque la sartén a fuego medio y agregue la mantequilla. Poner puré de verduras, jugo de limón, mayonesa y queso crema. Agregue sal y pimienta. Revuelva y cocine por 3 minutos. Servir caliente con tiras de verduras.

Dip De Rábano Y Queso

Preparación + tiempo de cocción: 1 hora y 15 minutos | Porciones: 4

Ingredientes:

30 rábanos pequeños, sin hojas verdes
1 cucharada de vinagre Chardonnay
Azúcar al gusto
1 vaso de agua para cocer al vapor
1 cucharada de aceite de semilla de uva
12 onzas de queso crema

Instrucciones:

Tome un baño de agua, coloque el Sous Vide y ajústelo a 183 F. Coloque los rábanos, la sal, la pimienta, el agua, el azúcar y el vinagre en una bolsa con cierre. Saque el aire de la bolsa, ciérrela y sumérjala en un baño de agua. Cocine por 1 hora. Después de que el temporizador se detenga, saque la bolsa, ábrala y transfiera los rábanos con un poco de agua hirviendo a la licuadora. Agregue el queso crema y haga puré hasta obtener una pasta suave. Atender.

Salsa De Apio

Tiempo de preparación + cocción: 50 minutos | Porciones: 3

Ingredientes:

½ libra de apio, en rodajas

1 taza de crema

3 cucharadas de mantequilla

1 cucharada de jugo de limón

Agregar sal al gusto

Instrucciones:

Tome un baño de agua, coloque el Sous Vide y póngalo a 183 F. Coloque el apio, la crema, el jugo de limón, la mantequilla y la sal en una bolsa de vacío. Exprima el aire de la bolsa, ciérrela y sumérjala en el baño. Cocine por 40 minutos. Después de que el temporizador se haya detenido, retire y abra la bolsa. Licúa los ingredientes con una licuadora. Atender.

salsa barbacoa picante

Preparación + tiempo de cocción: 1 hora y 15 minutos | Porciones: 10)

Ingredientes:

1 ½ libra de tomates cherry

¼ taza de vinagre de sidra de manzana

¼ de cucharadita de azúcar

1 cucharada de salsa Worcestershire

½ cucharada de humo líquido de nogal

2 cucharaditas de pimentón ahumado

2 cucharaditas de ajo en polvo

1 cucharadita de cebolla en polvo

Agregar sal al gusto

½ cucharadita de chile en polvo

½ cucharadita de pimienta de cayena

4 cucharadas de agua

Instrucciones:

Tome un baño de agua, coloque el Sous Vide y ajústelo a 185F.

Separar los tomates en dos bolsas de vacío. Liberar el aire estrujando el agua, cerrar y sumergir las bolsas al baño maría. Ponga el temporizador en 40 minutos.

Después de que el temporizador se haya detenido, retire y abra las bolsas. Transfiera los tomates a una licuadora y mezcle hasta que estén suaves y espesos. No agregue agua.

Pon la olla a fuego medio, agrega el puré de tomate y los demás ingredientes. Deja que hierva, revolviendo constantemente durante 20 minutos. Debes obtener una consistencia espesa.

salsa peri peri

Preparación + tiempo de cocción: 40 minutos | Porciones: 15

Ingredientes:

2 libras de chiles rojos

4 dientes de ajo, machacados

2 cucharaditas de pimentón ahumado

1 taza de hojas de cilantro, picadas

½ taza de hojas de albahaca picadas

1 taza de aceite de oliva

jugo de 2 limones

Instrucciones:

Tome un baño de agua, coloque el Sous Vide y ajústelo a 185F.

Coloque los pimientos en una bolsa de vacío. Liberar el aire estrujando el agua, cerrar y sumergir la bolsa al baño maría. Pon el temporizador en 30 minutos.

Después de que el temporizador se haya detenido, retire y abra la bolsa. Transfiera la pimienta y otros ingredientes enumerados a una licuadora y haga puré.

Almacene en un recipiente hermético, refrigere y use hasta 7 días.

Jarabe de jengibre

Preparación + tiempo de cocción: 1 hora y 10 minutos | Porciones: 10)

Ingredientes:

1 taza de jengibre, en rodajas finas
1 ajo grande, pelado
2 1/2 tazas de agua
¼ de taza) de azúcar

Instrucciones:

Tome un baño de agua, coloque el Sous Vide y ajústelo a 185 F. Coloque la cebolla en una bolsa sellable al vacío. Liberar el aire estrujando el agua, cerrar y sumergir al baño maría. Cocine por 40 minutos.

Después de que el temporizador se haya detenido, retire y abra la bolsa. Coloque la cebolla con 4 cucharadas de agua en una licuadora y mezcle hasta que quede suave. Pon la olla a fuego medio, agrega el puré de cebolla y el resto de los ingredientes enumerados. Deja que hierva durante 15 minutos. Apague el fuego, enfríe y cuele a través de un colador grueso. Almacene en un frasco, enfríe y use hasta 14 días. Úselo como aderezo para otros alimentos.

Sofreír ligeramente el brócoli.

Preparación + tiempo de cocción: 45 minutos | Porciones: 4

ingredientes

1 kilo de brócoli fresco
¼ taza de mantequilla, derretida
Sal y pimienta negra al gusto

Instrucciones

Preparar un baño maría y poner en él el Sous Vide. Ajuste a 183F.

Cortar el brócoli en cuartos. Póngalos en una bolsa que se pueda sellar al vacío. Agregue sal y pimienta. Añadir a la mantequilla. Liberar el aire estrujando el agua, cerrar y sumergir la bolsa al baño maría. Cocine por 30 minutos. Después de que el temporizador se haya detenido, retire la bolsa. Atender

estofado de col

Preparación + tiempo de cocción: 1 hora y 15 minutos | Porciones: 2

ingredientes

2 libras de repollo blanco, rallado

2 cucharadas de aceite de oliva

Agregar sal al gusto

¼ taza de salsa de pescado

2 cucharadas de agua

1 cucharada y media de azúcar granulada

1 cucharada de vinagre de arroz

1½ cucharaditas de jugo de lima

12 piezas de pimiento rojo en rodajas finas

1 diente pequeño de ajo picado

menta fresca picada

cilantro fresco picado

Instrucciones

Preparar un baño maría y poner en él el Sous Vide. Ajuste a 183F.

Mezclar la col, el aceite de oliva y la sal. Poner en una bolsa de vacío. Liberar el aire estrujando el agua, cerrar y sumergir la bolsa al baño maría. Cocine por 50 minutos. Para la vinagreta, mezcle en un recipiente la salsa de pescado, el azúcar, el agua, el vinagre de arroz, el jugo de lima, el ajo y la guindilla.

Después de que el temporizador se haya detenido, saque la bolsa y transfiérala a papel de aluminio y caliéntela. Cocine a fuego lento el repollo durante 5 minutos. Servir en un bol con la vinagreta. Decorar con menta y cilantro.

Pilaf de arroz y puerros con nueces

Preparación + tiempo de cocción: 3 horas 15 minutos | Porciones: 4

ingredientes

1 cucharada de aceite de oliva

1 puerro cortado en rodajas finas

1 diente de ajo picado

Agregar sal al gusto

1 taza de arroz salvaje lavado

¼ taza de grosellas

2 tazas de caldo de verduras

¼ taza de nueces, tostadas y picadas

Instrucciones

Preparar un baño maría y poner en él el Sous Vide. Ajuste a 182F.

Calentar una cacerola a fuego medio con aceite. Agregue el ajo, el puerro y 1/2 cucharada de sal. Cocine hasta que los puerros estén fragantes. Alejar del calor. Añadir el arroz y las grosellas. Mezclar bien. Poner la mezcla en una bolsa de vacío. Liberar el aire estrujando el agua, cerrar y sumergir la bolsa al baño maría. Cocine por 3 horas.

Cuando el temporizador se detenga, retire la bolsa y transfiérala a un tazón. Espolvorear nueces por encima.

Plato de mandarinas y judías verdes con avellanas

Preparación + tiempo de cocción: 1 hora y 20 minutos | Porciones: 9)

ingredientes

1 libra de judías verdes, recortadas

2 mandarinas pequeñas

2 cucharadas de mantequilla

Agregar sal al gusto

2 onzas de avellanas

Instrucciones

Preparar un baño maría y poner en él el Sous Vide. Ajuste a 186F.

Mezclar las judías verdes, la mantequilla y la sal. Poner en una bolsa de vacío. Pelar una de las mandarinas por dentro. Liberar el aire estrujando el agua, cerrar y sumergir la bolsa al baño maría. Hornear durante 60 minutos.

Después de que el temporizador se haya detenido, retire la bolsa. Precaliente el horno a 400 F. y tueste las avellanas durante 7 minutos. Pelar y trocear y espolvorear las vainas con las avellanas y la ralladura de mandarina.

Crema de guisantes dulces con nuez moscada

Preparación + tiempo de cocción: 1 hora y 10 minutos | Porciones: 8)

ingredientes

1 libra de guisantes de olor frescos congelados
1 taza de crema mitad y mitad
¼ taza de mantequilla
1 cucharada de almidón de maíz
¼ de cucharadita de nuez moscada molida
4 clavos
2 hojas de laurel
Pimienta negra al gusto

Instrucciones

Preparar un baño maría y poner en él el Sous Vide. Ajuste a 183F.

Mezclar la nata, la nuez moscada y la maicena en un bol. Revuelva hasta que la maicena se disuelva. Poner la mezcla y los demás ingredientes en una bolsa sellable al vacío. Liberar el aire estrujando el agua, cerrar y sumergir la bolsa al baño maría. Cocine por 1 hora.

Después de que el temporizador se haya detenido, retire la bolsa. Espolvorea la parte superior con pimienta negra.

Miso de calabacín y sésamo

Preparación + tiempo de cocción: 3 horas 15 minutos | Porciones: 2

ingredientes

1 calabacín, en rodajas

¼ taza de miso blanco

2 cucharadas de condimento italiano

2 cucharadas de sake

1 cucharada de azúcar

1 cucharadita de aceite de sésamo

Agregar sal al gusto

2 cucharadas de semillas de sésamo, tostadas

2 cucharadas de cebolla tierna, en rodajas finas

Instrucciones

Preparar un baño maría y poner en él el Sous Vide. Ajuste a 186F.

Coloque el calabacín en una bolsa con cierre. Liberar el aire estrujando el agua, cerrar y sumergir la bolsa al baño maría. Cocine por 3 horas.

Después de que el temporizador se haya detenido, retire la bolsa y transfiérala a la bandeja para hornear. Eliminar el jugo de cocción. Para la salsa de miso, combine el miso, el sake, el azúcar, el condimento italiano y el aceite de sésamo en un tazón pequeño. Batir hasta que quede suave. Cubrir los calabacines con la salsa y caramelizar durante 3-5 minutos. Servir en un plato y espolvorear con semillas de sésamo.

Zanahorias de agave sobre una base de mantequilla

Preparación + tiempo de cocción: 1 hora y 25 minutos | Porciones: 4

ingredientes

1 kilo de zanahorias baby
4 cucharadas de mantequilla vegana
1 cucharada de néctar de agave
Agregar sal al gusto
¼ de cucharadita de nuez moscada molida

Instrucciones

Preparar un baño maría y poner en él el Sous Vide. Ajuste a 186F.

Coloque las zanahorias, la miel, la mantequilla entera, la sal kosher y la nuez moscada en una bolsa con cierre. Liberar el aire estrujando el agua, cerrar y sumergir la bolsa al baño maría. Hornear durante 75 minutos.

Después de que el temporizador se haya detenido, retire la bolsa y drene los jugos de cocción. Dejar de lado. Transfiere las zanahorias a un plato y rocíalas con el jugo.

Alcachofas con mantequilla de limón y ajo

Preparación + tiempo de cocción: 1 hora y 45 minutos | Porciones: 4

ingredientes

4 cucharadas de jugo de limón

12 alcachofas pequeñas

4 cucharadas de mantequilla

2 dientes de ajo frescos picados

1 cucharadita de ralladura de limón fresco

Sal al gusto

1 cucharadita de eneldo

Pimienta negra molida, al gusto

Perejil fresco picado para servir

Instrucciones

Preparar un baño maría y poner en él el Sous Vide. Ajuste a 182 F. Mezcle agua fría con 2 cucharadas de jugo de limón. Pelar y picar finamente las alcachofas. Transferir al agua y dejar reposar.

Caliente la mantequilla en una sartén a fuego medio y cocine el eneldo, el ajo, 2 cucharadas de jugo de limón y la ralladura. Sazone con sal y pimienta, deje enfriar por 5 minutos.

Escurre las alcachofas y colócalas en una bolsa que se pueda sellar al vacío. Agregar a la mezcla de mantequilla. Liberar el aire estrujando el agua, cerrar y sumergir la bolsa al baño maría. Cocine por 1 hora y 30 minutos. Después de que se detenga el temporizador, retire las alcachofas y sirva en un tazón. Espolvorear con perejil.

Tofu tomate y agave

Preparación + tiempo de cocción: 1 hora y 45 minutos | Porciones: 6

ingredientes

1 taza de caldo de verduras

2 cucharadas de pasta de tomate

1 cucharada de cúrcuma en polvo

1 cucharada de vinagre de vino de arroz

1 cucharada de néctar de agave

2 cucharaditas de salsa sriracha

3 dientes de ajo picados

1 cucharadita de salsa de soya

24 onzas de tofu sedoso, cortado en cubitos

Instrucciones

Preparar un baño maría y poner en él el Sous Vide. Ajuste a 186 F. Combine todos los ingredientes en un tazón, excepto el tofu.

Coloque el tofu en una bolsa sellable al vacío. Agrega la mezcla. Liberar el aire estrujando el agua, cerrar y sumergir la bolsa al baño maría. Cocine por 1 hora y 30 minutos. Después de que el temporizador se haya detenido, retire la bolsa. Atender.

Cebollitas al horno con pesto de girasol

Preparación + tiempo de cocción: 2 horas 25 minutos | Porciones: 4

ingredientes

1 manojo de cebolletas grandes, peladas y cortadas por la mitad

½ taza más 2 cucharadas de aceite de oliva

Sal y pimienta negra al gusto

2 cucharadas de semillas de girasol

2 dientes de ajo, pelados

3 tazas de hojas de albahaca fresca sin apretar

3 cucharadas de Grana Padano rallado

1 cucharada de jugo de limón recién exprimido

Instrucciones

Preparar un baño maría y poner en él el Sous Vide. Ajuste a 183F.

Coloque la cebolla en una bolsa sellable al vacío. Sazone con sal, pimienta y 2 cucharadas de aceite de oliva. Liberar el aire estrujando el agua, cerrar y sumergir la bolsa al baño maría. Cocine por 2 horas.

Mientras tanto, para el pesto, combine las semillas de girasol, el ajo y la albahaca en un procesador de alimentos y mezcle hasta que estén finamente picados. Agregue con cuidado el aceite restante. Agregar el jugo de limón y parar. Agregue sal y pimienta. Dejar de lado.

Después de que el temporizador se haya detenido, retire la bolsa y transfiera las cebollas a la sartén y cocine por 10 minutos. Sirve y decora con el pesto.

Un plato dulce hecho de remolacha roja.

Preparación + tiempo de cocción: 1 hora y 45 minutos | Porciones: 4

ingredientes

1 libra de remolachas rojas, peladas y cortadas en cuartos
2 cucharadas de mantequilla
2 naranjas peladas, picadas
1 cucharada de miel
3 cucharadas de vinagre balsámico
4 cucharadas de aceite de oliva
Sal y pimienta negra al gusto
6 oz de hojas de hojas tiernas
½ taza de pistachos picados
½ taza de pecorino romano

Instrucciones

Preparar un baño maría y poner en él el Sous Vide. Ajuste a 182F.

Coloque las remolachas rojas en una bolsa que se pueda sellar al vacío. Agrega la mantequilla. Liberar el aire estrujando el agua, cerrar y sumergir la bolsa al baño maría. Hornear durante 90 minutos.

Después de que el temporizador se haya detenido, retire la bolsa y deseche los jugos de cocción. Mezcla miel, aceite y vinagre. Agregue sal y pimienta. Mezcle las hojas de lechuga romana, la naranja, la remolacha y la vinagreta. Adorne con pistachos y pecorino romano.

grano provolone

Preparación + tiempo de cocción: 3 horas 20 minutos | Porciones: 4

ingredientes

1 taza de sémola

1 taza de crema

3 tazas de caldo de verduras

2 cucharadas de mantequilla

4 onzas de queso provolone rallado

1 cucharada de pimentón

Queso adicional para decorar

Sal y pimienta negra al gusto

Instrucciones

Preparar un baño maría y poner en él el Sous Vide. Ajuste a 182 F. Agregue la sémola, la crema espesa y el caldo de verduras. Picar la mantequilla y agregarla a la mezcla. Poner la mezcla en una bolsa de vacío. Liberar el aire estrujando el agua, cerrar y sumergir la bolsa al baño maría. Cocine por 3 horas.

Cuando el temporizador se detenga, retire la bolsa y transfiérala a un tazón. Mezcla la mezcla con el queso y sazona con sal y pimienta. Adorne con más queso y paprika si lo desea.

Hinojo en escabeche de limón sin esfuerzo

Preparación + tiempo de cocción: 40 minutos | Porciones: 8)

ingredientes

1 taza de vinagre de sidra de manzana

2 cucharadas de azúcar

Zumo y ralladura de 1 limón

Agregar sal al gusto

2 rodajas de hinojo

½ cucharadita de semillas de hinojo trituradas

Instrucciones

Preparar un baño maría y poner en él el Sous Vide. Ajuste a 182 F. Mezcle bien el vinagre, el azúcar, el jugo de limón, la sal, la ralladura de limón y las semillas de hinojo. Poner la mezcla en una bolsa de vacío. Liberar el aire estrujando el agua, cerrar y sumergir la bolsa al baño maría. Cocine por 30 minutos. Después de que el temporizador se haya detenido, retire la bolsa y transfiérala al baño de agua helada. Dejar enfriar.

Plato sencillo de brócoli

Preparación + tiempo de cocción: 20 minutos | Porciones: 2

ingredientes

½ libra de floretes de brócoli
1 cucharadita de ajo en polvo
1 cucharada de mantequilla vegana
½ cucharadita de sal marina
¼ cucharadita de pimienta negra

Instrucciones

Preparar un baño maría y poner en él el Sous Vide. Ajuste a 192F.

Coloque el brócoli, el ajo en polvo, la sal marina y la pimienta negra en una bolsa con cierre. Liberar el aire estrujando el agua, cerrar y sumergir la bolsa al baño maría. Cocine por 4 minutos. Después de que el temporizador se haya detenido, retire el brócoli a un plato para servir.

Patatas con trufa de ajo

Preparación + tiempo de cocción: 1 hora y 50 minutos | Porciones: 4

ingredientes

8 onzas de papas rojas en gajos
3 cucharadas de mantequilla de trufa blanca
1 cucharada de aceite de trufa
Sal y pimienta negra al gusto
1 diente de ajo, picado

Instrucciones

Preparar un baño maría y poner en él el Sous Vide. Ajuste a 182F.

Ponga la mantequilla de trufa, las papas rojas y el aceite de trufa en una bolsa con cierre. Agregue sal y pimienta. Agitar bien. Liberar el aire estrujando el agua, cerrar y sumergir la bolsa al baño maría. Hornear durante 90 minutos. Cuando el temporizador se detenga, retire las papas y transfiéralas a la sartén caliente. Cocine por otros 5 minutos hasta que el líquido se evapore.

Verduras picantes en escabeche caseras

Preparación + tiempo de cocción: 1 hora y 20 minutos | Porciones: 8)

ingredientes

2 tazas de vinagre de vino blanco

1 taza de agua

½ taza de azúcar

Agregar sal al gusto

1 cucharada de granos de pimienta negra entera

2 libras de coles de Bruselas, picadas

1 pimiento, sin semillas, picado

1 taza de zanahorias, picadas

½ ajo finamente picado

2 chiles serranos sin semillas, picados

Instrucciones

Preparar un baño maría y poner en él el Sous Vide. Ajuste a 182F.

Combine el vinagre, el azúcar, la sal, el agua, la pimienta, las coles de Bruselas, la cebolla, el chile serrano, el pimiento y la zanahoria en una bolsa sellable al vacío. Liberar el aire por el método de desplazamiento de agua, cerrar y sumergir en la tina. Hornear durante 60 minutos. Cuando el temporizador se detenga, retire la bolsa y transfiérala a un tazón.

Deliciosos tomates picantes

Preparación + tiempo de cocción: 60 minutos | Porciones: 4

ingredientes

4 piezas de tomates en cubitos

2 cucharadas de aceite de oliva

3 dientes de ajo picados

1 cucharadita de orégano seco

1 cucharadita de romero

1 cucharadita de sal marina fina

Instrucciones

Preparar un baño maría y poner en él el Sous Vide. Ajuste a 146 F. Coloque todos los ingredientes en una bolsa sellable al vacío. Liberar el aire por el método de desplazamiento de agua, cerrar y sumergir en la tina. Cocine por 45 minutos. Cuando el temporizador se detenga, retire los tomates y transfiéralos a un plato. Servir con rebanadas de pan francés.

Un sencillo aliño alfredo de verduras

Preparación + tiempo de cocción: 1 hora y 45 minutos | Porciones: 6

ingredientes

4 tazas de coliflor picada

2 tazas de agua

2/3 taza de avellanas

2 dientes de ajo

½ cucharadita de orégano seco

½ cucharadita de albahaca seca

½ cucharadita de romero seco

4 cucharadas de levadura nutricional

Sal y pimienta negra al gusto

Instrucciones

Preparar un baño maría y poner en él el Sous Vide. Ajuste a 172F.

Coloque las avellanas, la coliflor, el orégano, el agua, el ajo, el romero y la albahaca en una bolsa con cierre. Liberar el aire estrujando el agua, cerrar y sumergir la bolsa al baño maría. Hornear durante 90 minutos.

Después de que el temporizador se haya detenido, retire el contenido y transfiéralo a una licuadora y mezcle hasta obtener un puré. Servir con pasta.

Un maravilloso guiso de judías y zanahorias.

Preparación + tiempo de cocción: 3 horas 15 minutos | Porciones: 8)

ingredientes

1 taza de frijoles secos, remojados durante la noche

1 taza de agua

½ taza de aceite de oliva

1 zanahoria, picada

1 tallo de apio, picado

1 chalota en cuartos

4 dientes de ajo machacados

2 ramitas de romero fresco

2 hojas de laurel

Sal y pimienta negra, al gusto

Instrucciones

Preparar un baño maría y poner en él el Sous Vide. Ajuste a 192F.

Escurrir y lavar las vainas. Colóquelo en una bolsa con cierre con el aceite de oliva, el apio, el agua, las zanahorias, los chalotes, el ajo, el romero y las hojas de laurel. Agregue sal y pimienta. Liberar el aire estrujando el agua, cerrar y sumergir la bolsa al baño maría. Hornear durante 180 minutos.

Cuando el temporizador se detenga, retire los frijoles. Deseche la hoja de laurel y el romero.

Una ensalada ligera de dos frijoles.

Preparación + tiempo de cocción: 7 horas 10 minutos | Porciones: 6

ingredientes

4 onzas de frijoles negros secos

4 onzas de frijoles secos

4 tazas de agua

1 chalota picada

Agregar sal al gusto

1 cucharadita de azúcar

1 cucharada de champán

3 cucharadas de aceite de oliva

Instrucciones

Preparar un baño maría y poner en él el Sous Vide. Ajuste a 90 F. Combine frijoles negros, 3 tazas de agua y frijoles en 4 a 6 frascos. Cierra y sumerge los frascos en un baño de agua. Cocine por 2 horas.

Cuando el temporizador se detenga, retire los frascos y espolvoréelos con chalotes, sal kosher y azúcar. Date un descanso. Cerrar y sumergir de nuevo al baño maría. Cocine por 4 horas.

Cuando el temporizador se detenga, retire los frascos y déjelos enfriar durante 1 hora. Agregue el aceite de oliva y el champán y agite bien. Transferir a un bol y servir.

Delicioso estofado vegano con alubias cannellini

Preparación + tiempo de cocción: 3 horas 15 minutos | Porciones: 8)

ingredientes

1 taza de frijoles cannellini, remojados durante la noche

1 taza de agua

½ taza de aceite de oliva

1 zanahoria pelada, picada

1 tallo de apio, picado

1 chalota en cuartos

4 dientes de ajo machacados

2 ramitas de romero fresco

2 hojas de laurel

Sal y pimienta negra al gusto

Instrucciones

Preparar un baño maría y poner en él el Sous Vide. Ajuste a 192F.

Escurra y lave las vainas y colóquelas junto con el resto de ingredientes en una bolsa de vacío. Liberar el aire estrujando el agua, cerrar y sumergir la bolsa al baño maría. Cocine por 3 horas.

Después de que el temporizador se haya detenido, retire la bolsa y agite la consistencia. Si desea ablandar aún más, cocine por otra hora. Cuando esté listo, transfiéralo a un tazón.

Zanahorias en escabeche glaseadas

Preparación + tiempo de cocción: 1 hora y 45 minutos | Porciones: 1)

ingredientes

1 vaso de vinagre de vino blanco

½ taza de azúcar de remolacha

Agregar sal al gusto

1 cucharadita de granos de pimienta negra

1/3 taza de agua helada

10 zanahorias, peladas

4 ramitas de salvia fresca

2 dientes de ajo pelados

Instrucciones

Preparar un baño maría y poner en él el Sous Vide. Ajuste a 192F.

Calienta la olla a fuego medio y agrega el vinagre, la sal, el azúcar y los granos de pimienta. Mezcla bien hasta que hierva y el azúcar se disuelva. Retire del fuego y cubra con agua fría. Dejar enfriar.

Coloque la salvia, la zanahoria, el ajo y la mezcla en una bolsa con cierre. Liberar el aire estrujando el agua, cerrar y sumergir la bolsa al baño maría. Hornear durante 90 minutos.

Después de que el temporizador se haya detenido, retire la bolsa y transfiérala al baño de agua helada. Emplatar y servir.

Precioso tofu con salsa sriracha

Preparación + tiempo de cocción: 1 hora y 10 minutos | Porciones: 10)

ingredientes

1 taza de caldo de verduras

2 cucharadas de pasta de tomate

1 cucharada de jengibre rallado

1 cucharada de nuez moscada molida

1 cucharada de vino de arroz

1 cucharada de vinagre de vino de arroz

1 cucharada de néctar de agave

2 cucharaditas de salsa Sriracha

3 dientes de ajo picados

2 cajas de tofu picado

Instrucciones

Preparar un baño maría y poner en él el Sous Vide. Ajuste a 186F.

Mezcla bien todos los ingredientes excepto el tofu. Ponga el tofu con la mezcla en una bolsa con cierre. Liberar el aire estrujando el agua, cerrar y sumergir la bolsa al baño maría. Hornear durante 60 minutos. Cuando el temporizador se detenga, retire la bolsa y transfiérala a un tazón.

Ensalada de rúcula y remolacha sin queso

Preparación + tiempo de cocción: 1 hora y 10 minutos | Porciones: 4

ingredientes

1 libra de remolachas, picadas
Agregar sal al gusto
½ taza de rúcula joven
¼ de libra de queso crema
2 mandarinas, cortadas en rodajas
¼ taza de almendras molidas

Instrucciones

Preparar un baño maría y poner en él el Sous Vide. Ajuste a 182F.

Salar las remolachas. Póngalos en una bolsa de vacío con jugo de naranja. Liberar el aire estrujando el agua, cerrar y sumergir la bolsa al baño maría. Hornear durante 60 minutos.

Después de que el temporizador se haya detenido, retire las remolachas y deseche el jugo. Transfiera a platos para servir y decore con queso crema, rodajas de mandarina, rúcula y almendras.

Dip De Frijoles Con Ajo

Preparación + tiempo de cocción: 1 hora y 50 minutos | Porciones: 4

ingredientes

4 tazas de frijoles partidos por la mitad
3 dientes de ajo picados
2 cucharaditas de vinagre de vino de arroz
1 1/2 cucharadas de salsa de frijol negro preparada
1 cucharada de aceite de oliva

Direcciones

Preparar un baño maría y poner en él el Sous Vide. Ajuste a 172 F. Mezcle bien todos los ingredientes con los frijoles de nieve y colóquelos en una bolsa sellable al vacío. Liberar el aire estrujando el agua, cerrar y sumergir la bolsa al baño maría. Cocine por 1 hora y 30 minutos. Después de que el temporizador se detenga, retire la bolsa y sirva caliente.

Frijoles negros picantes

Preparación + tiempo de cocción: 6 horas 15 minutos | Porciones: 6

ingredientes

1 taza de frijoles negros secos

3 tazas de agua

1/3 taza de jugo de limón

2 cucharadas de ralladura de limón

Agregar sal al gusto

1 cucharadita de comino

1/2 cucharadita de chile chipotle en polvo

Instrucciones

Preparar un baño maría y poner en él el Sous Vide. Ajuste a 193 F. Coloque todos los ingredientes en una bolsa sellable al vacío. Liberar el aire estrujando el agua, cerrar y sumergir la bolsa al baño maría. Cocine por 6 horas. Una vez que el temporizador se detenga, retire la bolsa y transfiérala a una sartén caliente a fuego medio y cocine hasta que se reduzca. Retirar del fuego y servir.

Champiñones balsámicos picantes con ajo

Preparación + tiempo de cocción: 1 hora y 15 minutos | Porciones: 4

ingredientes

1 libra de champiñones portobello, rebanados

1 cucharada de aceite de oliva

1 cucharada de vinagre balsámico de manzana

1 diente de ajo picado

Agregar sal al gusto

1 cucharadita de pimienta negra

1 cucharadita de tomillo fresco molido

Instrucciones

Preparar un baño maría y poner en él el Sous Vide. Ajuste a 138F.

Mezclar todos los ingredientes y ponerlos en una bolsa que se pueda sellar al vacío. Liberar el aire estrujando el agua, cerrar y sumergir la bolsa al baño maría. Hornear durante 60 minutos. Cuando el temporizador se detenga, retire la bolsa y transfiérala a un tazón para servir.

Puré de patata crujiente con ajo

Preparación + tiempo de cocción: 1 hora y 20 minutos | Porciones: 2

ingredientes

1 kilo de batatas
5 dientes de ajo machacados
2 cucharadas de aceite de oliva
Agregar sal al gusto
1 cucharadita de romero picado

Instrucciones

Preparar un baño maría y poner en él el Sous Vide. Ajuste a 192 F. Mezcle todos los ingredientes y colóquelos en una bolsa sellable al vacío. Liberar el aire estrujando el agua, cerrar y sumergir la bolsa al baño maría. Cocine por 1 hora.

Después de que el temporizador se haya detenido, retire las papas y transfiéralas a una bandeja para hornear forrada con papel de aluminio. Cortar las patatas en rodajas y espolvorearlas con aceite de ajo. Hornee por 10 minutos en un horno a 380 F. Adorne con romero.

Una mezcla de tubérculos

Preparación + tiempo de cocción: 3 horas 15 minutos | Porciones: 4

ingredientes

1 nabo, picado

1 colinabo, picado

8 zanahorias, picadas

1 chirivía, picada

½ cebolla dulce, picada

4 dientes de ajo picados

4 ramitas de romero fresco

2 cucharadas de aceite de oliva

Sal y pimienta negra al gusto

2 cucharadas de mantequilla vegana

Instrucciones

Preparar un baño maría y poner en él el Sous Vide. Ajuste a 186F.

Coloque las verduras y el romero en una bolsa con cierre. Agregue 1 cucharada de aceite y sazone con sal y pimienta. Liberar el aire estrujando el agua, cerrar y sumergir la bolsa al baño maría. Cocine por 3 horas. Calentar la olla a fuego alto.

Después de que el temporizador se haya detenido, retire la bolsa y transfiera el contenido a la olla. Cocine por 5 minutos hasta que se reduzca. Agregue las verduras y mezcle bien. Continúe cocinando durante 5 minutos. Atender.

Plato de calabaza tailandés

Preparación + tiempo de cocción: 2 horas y 20 minutos | Porciones: 6

ingredientes

1 calabaza mediana

2 cucharadas de mantequilla vegana

2 cucharadas de pasta de curry tailandés

Agregar sal al gusto

Cilantro fresco para servir

Gajos de lima, para servir

Instrucciones

Preparar un baño maría y poner en él el Sous Vide. Ajuste a 186F.

Cortar la calabaza en rodajas y quitar las semillas. Reserva las semillas. Coloque las rodajas de calabaza, la pasta de curry, la mantequilla y la sal en una bolsa de vacío. Liberar el aire estrujando el agua, cerrar y sumergir la bolsa al baño maría. Hornear durante 90 minutos.

Después de que el temporizador se haya detenido, retire la bolsa y triture hasta que esté suave. Si es necesario, cocine por otros 40 minutos. Transfiera a un plato para servir y cubra con salsa de curry. Adorne con cilantro y rodajas de lima.

Tarros de pepinos encurtidos

Tiempo de preparación + cocción: 30 minutos | Porciones: 6

ingredientes

1 vaso de vinagre de vino blanco

½ taza de azúcar

Agregar sal al gusto

1 cucharada de especias en escabeche

2 pepinos ingleses cortados en rodajas

½ ajo en rodajas finas

3 cucharaditas de semillas de eneldo

2 cucharaditas de granos de pimienta negra

6 dientes de ajo, pelados

Instrucciones

Preparar un baño maría y poner en él el Sous Vide. Ajuste a 182F.

Combine el azúcar, el vinagre, la sal, las especias en escabeche, las semillas de eneldo, los granos de pimienta negra, el pepino, la cebolla y el ajo y colóquelos en una bolsa sellable al vacío. Liberar el aire estrujando el agua, cerrar y sumergir al baño maría. Cocine por 15 minutos. Cuando termine, transfiéralo a un baño de agua con hielo. Servir en frascos.

Puré De Papas Con Coco

Preparación + tiempo de cocción: 45 minutos | Porciones: 4

ingredientes

1 1/2 libras de papas doradas Yukon, en rodajas
4 onzas de mantequilla
8 onzas de leche de coco
Sal y pimienta blanca al gusto

Instrucciones

Preparar un baño maría y poner en él el Sous Vide. Ajuste a 193 F. Coloque las papas, la leche de coco, la mantequilla y la sal en una bolsa sellable al vacío. Liberar el aire por el método de desplazamiento de agua, cerrar y sumergir en la tina. Cocine por 30 minutos. Cuando haya terminado, retire la bolsa y escurra. Conservar los jugos de mantequilla. Triture las patatas hasta que estén blandas y transfiéralas a un bol con la mantequilla. Sazone con pimienta y sirva.

Col tentadora con mantequilla

Preparación + tiempo de cocción: 4 horas y 15 minutos | Porciones: 1)

ingredientes

1 cabeza de repollo verde, en rodajas
2 cucharadas de mantequilla

Instrucciones

Preparar un baño maría y poner en él el Sous Vide. Fije a 183 F. Coloque 1 cucharada de mantequilla y repollo en una bolsa sellable al vacío. Liberar el aire estrujando el agua, cerrar y sumergir al baño maría. Cocine por 4 horas. Cuando esté listo, retire el repollo y séquelo. Derrita la mantequilla en una sartén a fuego medio y fría el repollo durante 5-7 minutos hasta que esté dorado.

Rábanos daikon dulces con romero

Preparación + tiempo de cocción: 40 minutos | Porciones: 4

ingredientes

½ taza de jugo de limón

3 cucharadas de azúcar

1 cucharadita de romero

1 rábano daikon grande, en rodajas

Instrucciones

Preparar un baño maría y poner en él el Sous Vide. Ajuste a 182 F. Agregue el jugo de limón, el romero, la sal y el azúcar. Coloque la mezcla y el rábano daikon en una bolsa con cierre. Liberar el aire estrujando el agua, cerrar y sumergir la bolsa al baño maría. Cocine por 30 minutos. Después de que el temporizador se haya detenido, retire la bolsa y transfiérala al baño de agua helada. Servir en un plato.

Repollo cebolla con pasas

Preparación + tiempo de cocción: 2 horas y 15 minutos | Porciones: 4

ingredientes

1 1/2 libras de repollo rojo, en rodajas
¼ taza de pasas
2 chalotes rebanados
3 dientes de ajo rebanados
1 cucharada de vinagre balsámico de manzana
1 cucharada de mantequilla

Instrucciones

Preparar un baño maría y poner en él el Sous Vide. Ajústelo a 186 F. Coloque el repollo en una bolsa sellable al vacío. Añade los demás ingredientes. Liberar el aire estrujando el agua, cerrar y sumergir la bolsa al baño maría. Cocine por 2 horas. Cuando el temporizador se detenga, retire las bolsas y transfiéralas a tazones para servir. Sazone con sal y vinagre. Vierta sobre el jugo de la cocción.

Frijoles mixtos en salsa de tomate

Preparación + tiempo de cocción: 3 horas 10 minutos | Porciones: 4

ingredientes

1 libra de judías verdes picadas
1 kilo de frijoles sin cáscara
1 lata (14 oz) de tomates enteros triturados
1 cebolla en rodajas finas
3 dientes de ajo rebanados
3 cucharadas de aceite de oliva

Instrucciones

Preparar un baño maría y poner en él el Sous Vide. Ajuste a 183 F. Coloque los tomates, la nieve y las judías verdes, el ajo y la cebolla en una bolsa sellable al vacío. Liberar el aire estrujando el agua, cerrar y sumergir al baño maría. Cocine por 3 horas. Cuando termine, transfiéralo a un tazón. Rociar con aceite de oliva.

Guiso de guindillas y garbanzos

Preparación + tiempo de cocción: 3 horas 10 minutos | Porciones: 4

ingredientes

1 taza de garbanzos, remojados durante la noche
3 tazas de agua
1 cucharada de aceite de oliva
Agregar sal al gusto
½ cucharadita de comino molido
½ cucharadita de cilantro molido
¼ de cucharadita de canela molida
1/8 cucharadita de clavo molido
1/8 cucharadita de pimienta de cayena
cilantro fresco picado
Salsa harissa, al gusto

Instrucciones

Preparar un baño maría y poner en él el Sous Vide. Ajuste a 192F.

Coloque los frijoles en una bolsa con cierre con el comino, la sal, el aceite de oliva, los clavos, la canela, el cilantro y la pimienta de cayena. Liberar el aire estrujando el agua, cerrar y sumergir al baño maría. Cocine por 3 horas. Cuando termine, retire la bolsa y escurra los frijoles. Desechar los jugos de cocción. Agregue sal. Mezclar el aceite de oliva y la salsa harissa y verter sobre las alubias. Adorne con cilantro.

Créme Brulée elaborado con fruta fresca

Preparación + tiempo de cocción: 65 minutos + 5 horas de enfriamiento | Porciones: 6

ingredientes

1 taza de moras frescas

6 yemas de huevo

1⅓ taza de azúcar + más para espolvorear

3 tazas de crema

ralladura de 2 naranjas

4 cucharadas de jugo de naranja

1 cucharadita de extracto de vainilla

Instrucciones

Preparar un baño maría y poner en él el Sous Vide. Ajuste a 196F.

Mezcle las yemas de huevo y el azúcar en una licuadora hasta que quede cremoso. Dejar de lado

Calienta una cacerola a fuego medio y vierte la crema. Agregue la ralladura y el jugo de naranja y el extracto de vainilla. Reduzca el fuego y cocine durante 4-5 minutos. Coloque las moras en seis frascos, vierta la mezcla de huevo y crema sobre las moras. Cierre con una tapa y sumerja los frascos en un baño de agua. Cocine por 45 minutos.

Después de que el temporizador se haya detenido, retire los frascos y transfiéralos al refrigerador y déjelos enfriar durante 5 horas. Retire la tapa y espolvoree con azúcar. Caramelizar el azúcar con un soplete.

Budín de vaina de vainilla

Preparación + tiempo de cocción: 2 horas 32 minutos | Porciones: 6

ingredientes

1 taza de bayas frescas mixtas

4 rebanadas de jalá, cortadas en cubos

6 yemas de huevo

1⅛ taza de azúcar superfina

2 tazas de crema

1 taza de leche

2 cucharaditas de extracto de almendras

1 vaina de vainilla, partida por la mitad, las semillas reservadas

Instrucciones

Preparar un baño maría y poner en él el Sous Vide. Ajuste a 172F.

Precaliente el horno a 350 F. Coloque los cubos de pan en una bandeja para hornear y tuéstelos durante 5 minutos. Dejar de lado. Usando una batidora eléctrica, mezcle las yemas de huevo y el azúcar hasta que quede cremoso.

Caliente la cacerola a fuego medio y vierta la crema y la leche. Cocine hasta que burbujee. Agregue el extracto de almendras, las semillas de la vaina de vainilla y la vaina de vainilla. Reduzca el fuego y cocine durante 4-5 minutos. Ponga a un lado y deje enfriar durante 2-3 minutos.

Después de que la mezcla de vainilla se haya enfriado, vierta un poco de crema en la mezcla de huevo y combine. Repite el proceso con cada huevo.

Mezclar los cubos de pan con la mezcla de huevo y nata y dejar que el pan absorba el líquido. Agregue las bayas y mezcle bien. Divide la mezcla en seis frascos. Cierre con una tapa y sumerja los frascos en un baño de agua. Cocine por 2 horas.

Mini brownies de moca en tarro

Preparación + tiempo de cocción: 3 horas 17 minutos | Porciones: 10

ingredientes

⅔ taza de chocolate blanco picado

8 cucharadas de mantequilla

⅔ taza de azúcar fina

2 yemas de huevo

1 huevo

2 cucharadas de café instantáneo en polvo

1 cucharada de extracto de coco

1 cucharada de licor de café

½ taza de harina para todo uso

Helado, para servir

Instrucciones

Preparar un baño maría y poner en él el Sous Vide. Ajuste a 196 F. Caliente el chocolate y la mantequilla en una cacerola o en el microondas. Revuelva el azúcar en la mezcla de chocolate y mantequilla hasta que se derrita. Vierta las yemas de una en una y mezcle bien. Añadir el huevo entero y seguir mezclando. Vierta el café en polvo, el extracto de coco y el licor de café. Agregue la harina y mezcle hasta que esté bien combinado.

Vierta la mezcla de chocolate en 10 frascos pequeños. Cierre con una tapa y sumerja los frascos en un baño de agua y cocine por 3 horas. Cuando el temporizador se detenga, retire los frascos y déjelos enfriar durante 1 minuto.

Crema de plátano sencilla

Preparación + tiempo de cocción: 60 minutos | Porciones: 6

ingredientes

3 plátanos, machacados

12 yemas de huevo

1 taza de azúcar muy fina

3 tazas de crema

1 cucharadita de extracto de vainilla

1 cucharadita de extracto de menta

Instrucciones

Preparar un baño maría y poner en él el Sous Vide. Ajuste a 196F.

Batir las yemas de huevo y el azúcar con batidoras eléctricas. Mezcle durante 1-2 minutos hasta que esté cremoso. Calienta la crema en una cacerola a fuego medio y agrega la vainilla y la menta. Cocine a fuego lento durante 3-4 minutos. Ponga a un lado y deje enfriar durante 2-3 minutos.

Después de que la mezcla se haya enfriado, vierta la mezcla de crema en la mezcla de huevo y revuelva. Agregue el puré de plátanos y revuelva para combinar. Vierta la mezcla en 6 frascos pequeños. Cerrar y sumergir al baño maría, cocinar por 45 minutos.

Cuando el temporizador se detenga, retire los frascos y déjelos enfriar durante 5 minutos.

Tarta de queso con dulce de leche

Preparación + tiempo de cocción: 5 horas 55 minutos + 4 horas | Porciones: 6

ingredientes

2 tazas de mascarpone, a temperatura ambiente

3 huevos

1 cucharadita de extracto de almendras

1 taza de dulce de leche

⅓ taza de crema

1 taza de migas de galleta graham

3 cucharadas de mantequilla, derretida

½ cucharadita de sal

Instrucciones

Preparar un baño maría y poner en él el Sous Vide. Establecido en 175F.

Con una batidora eléctrica, mezcle el mascarpone, los huevos y las almendras en un tazón hasta que quede suave. Vierta 3/4 taza de dulce de leche y mezcle bien. Agregue la crema y mezcle hasta que se integre por completo. Dejar de lado.

Agregue las migas de galleta Graham y la mantequilla derretida. Divide la mezcla de migas en seis frascos pequeños. Vierta la mezcla de queso crema sobre las migas. Cierre la tapa y sumerja los frascos en un baño de agua, cocine por 1 hora y 30 minutos.

Después de que el temporizador se detenga, retire los frascos y transfiéralos al refrigerador y déjelos enfriar durante 4 horas. Vierta sobre el dulce de leche restante. Adorne con la mezcla de caramelo salado.

Albaricoques con miel y cítricos

Preparación + tiempo de cocción: 70 minutos | Porciones: 4

ingredientes

6 albaricoques, sin hueso y en cuartos

½ taza de miel

2 cucharadas de agua

1 cucharada de jugo de lima

1 vaina de vainilla, partida por la mitad

1 rama de canela

Instrucciones

Preparar un baño maría y poner en él el Sous Vide. Ajuste a 179F.

Ponga todos los ingredientes en una bolsa de vacío. Liberar el aire estrujando el agua, cerrar y sumergir la bolsa al baño maría. Cocine por 45 minutos. Después de que el cronómetro se haya detenido, retire la bolsa y deseche la vaina de vainilla y la rama de canela. Servir inmediatamente.

Pots du Créme naranja con chocolate

Preparación + tiempo de cocción: 65 minutos + 5 horas | Porciones: 6

ingredientes

⅔ taza de chocolate picado

6 yemas de huevo

1⅓ taza de azúcar blanca fina

3 tazas mitad y mitad

1 cucharadita de extracto de vainilla

Ralladura de 1 naranja grande

⅛ cucharadita de extracto de naranja

2 cucharadas de jugo de naranja

2 cucharadas de licor con sabor a chocolate

Instrucciones

Preparar un baño maría y poner en él el Sous Vide. Ajuste a 196F.

Batir las yemas de huevo y el azúcar con batidoras eléctricas. Mezcle durante 1-2 minutos hasta que esté cremoso. Calienta la crema en una cacerola a fuego medio y agrega la vainilla, la ralladura de naranja y el extracto. Cocine a fuego lento durante 3-4 minutos. Ponga a un lado y deje enfriar durante 2-3 minutos.

Derretir el chocolate en el microondas. Después de que la mezcla se haya enfriado, vierta la mezcla de crema en la mezcla de huevo y revuelva. Agregue el chocolate derretido y revuelva hasta que se mezclen. Agregar el jugo de naranja y el licor de chocolate. Vierta la mezcla de chocolate en los frascos. Cierre la tapa y sumerja los frascos en un baño de agua y cocine por 45 minutos. Cuando el temporizador se detenga, retire los frascos y déjelos enfriar durante 5 minutos.

Albaricoque Limón-Salvia

Preparación + tiempo de cocción: 70 minutos | Porciones: 4

ingredientes

½ taza de miel

8 albaricoques, sin hueso y en cuartos

2 cucharadas de agua

1 cucharada de jugo de limón

3 ramitas de salvia fresca

1 ramita de perejil fresco

Instrucciones

Preparar un baño maría y poner en él el Sous Vide. Ajuste a 179 F. Coloque todos los ingredientes en una bolsa sellable al vacío. Liberar el aire estrujando el agua, cerrar y sumergir la bolsa al baño maría. Cocine por 45 minutos. Después de que el cronómetro se detenga, retire la bolsa y deseche las fuentes de hierbas.

Budín de chocolate

Tiempo de preparación + cocción: 55 minutos | Porciones: 4

Ingredientes:

½ taza de leche

1 taza de chispas de chocolate

3 yemas de huevo

½ taza de crema

4 cucharadas de cacao en polvo

3 cucharadas de azúcar

Instrucciones:

Preparar un baño maría y poner en él el Sous Vide. Fije a 185F.

Mezclar las yemas de huevo con el azúcar, la leche y la nata hasta que quede espumoso. Mezcle el cacao en polvo y las chispas de chocolate. Divide la mezcla en 4 frascos. Cierra y sumerge los frascos en un baño de agua. Ponga el temporizador en 40 minutos. Cuando el temporizador se detenga, retire los frascos. Dejar enfriar antes de servir.

Tarta de manzana

Preparación + tiempo de cocción: 85 minutos | Porciones: 8

Ingredientes:

1 libra de manzanas, peladas y cortadas en cubitos

6 onzas de hojaldre

1 yema de huevo, batida

4 cucharadas de azúcar

2 cucharadas de jugo de limón

1 cucharada de almidón de maíz

1 cucharadita de jengibre molido

2 cucharadas de mantequilla, derretida

¼ de cucharadita de nuez moscada

¼ cucharadita de canela

Instrucciones:

Precaliente el horno a 365 F. Enrolle la masa en un círculo. Pincelar con mantequilla y llevar al horno. Cocine por 15 minutos.

Preparar un baño maría y poner en él el Sous Vide. Fije a 160 F. Combine todos los ingredientes restantes en una bolsa sellable al vacío. Liberar el aire estrujando el agua, cerrar y sumergir al baño maría. Cocine por 45 minutos. Después de que el temporizador se haya detenido, retire la bolsa. Vierta la mezcla de manzana sobre la masa de pastel horneada. Vuelva a colocar en el horno y cocine por otros 15 minutos.

Galletas de chispas de chocolate sin azúcar

Preparación + tiempo de cocción: 3 horas 45 minutos | Porciones: 6

Ingredientes:

1/3 taza de chispas de chocolate

7 cucharadas de crema

2 huevos

½ taza de harina

½ cucharadita de bicarbonato de sodio

4 cucharadas de mantequilla, derretida

¼ cucharadita de sal

1 cucharada de jugo de limón

Instrucciones:

Preparar un baño maría y poner en él el Sous Vide. Ajuste a 194 F. Bata los huevos junto con la crema espesa, el jugo de limón, la sal y el bicarbonato de sodio. Mezclar la harina y la mantequilla. Agregue las chispas de chocolate.

Divide la masa entre 6 moldes. Envuélvelas bien con film transparente y pon las copas al baño maría. Cocine por 3 horas y 30 minutos. Una vez que el temporizador se detenga, retire las tazas.

Helado de vainilla

Preparación + tiempo de cocción: 5 horas 10 minutos | Porciones: 4

Ingredientes:

6 yemas de huevo

½ taza de azúcar

1 cucharadita y media de extracto de vainilla

2 tazas mitad y mitad

Instrucciones:

Preparar un baño maría y poner en él el Sous Vide. Fije a 180 F. Bata todos los ingredientes en una bolsa sellable al vacío. Liberar el aire estrujando el agua, cerrar y sumergir la bolsa al baño maría. Ajuste el temporizador para 1 hora. Después de que el temporizador se haya detenido, verifique que no haya grumos. Transfiere la mezcla a un recipiente con tapa. Poner en el congelador durante 4 horas.

Budín de desayuno ligero con requesón

Preparación + tiempo de cocción: 3 horas 15 minutos | Porciones: 3

Ingredientes:

1 taza de requesón

5 huevos

1 taza de leche

3 cucharadas de crema agria

4 cucharadas de azúcar

1 cucharadita de cardamomo

1 cucharadita de ralladura de naranja

1 cucharada de almidón de maíz

¼ cucharadita de sal

Instrucciones:

Preparar un baño maría y poner en él el Sous Vide. Ajuste a 175 F. Bata los huevos y el azúcar con una batidora eléctrica. Agregue la ralladura, la leche y la maicena. Agrega los demás ingredientes y bate bien.

Cubra 3 frascos con aceite en aerosol y divida la mezcla entre ellos. Cierra y sumerge los frascos a baño maría, cocina por 3 horas.

Cuando el temporizador se detenga, retire los frascos. Dejar enfriar antes de servir.

Galletas de chocolate envasadas al vacio

Preparación + tiempo de cocción: 3 horas 15 minutos | Porciones: 6

Ingredientes:

5 cucharadas de mantequilla, derretida

1 huevo

3 cucharadas de cacao en polvo

1 taza de harina

4 cucharadas de azúcar

½ taza de crema

1 cucharadita de bicarbonato de sodio

1 cucharadita de extracto de vainilla

1 cucharadita de vinagre de sidra de manzana

Una pizca de sal marina

Instrucciones:

Preparar un baño maría y poner en él el Sous Vide. Ajuste a 194 F. Combine los ingredientes húmedos en un tazón. Mezclar los ingredientes secos en otro bol. Combine ligeramente los dos compuestos y divida la mezcla en 6 frascos. Cierra los frascos y sumerge la bolsa en un baño de agua. Ajuste el temporizador para 3 horas. Después de que el temporizador se haya detenido, retire la bolsa. Servir frío.

Arroz con leche con ron y arándanos

Preparación + tiempo de cocción: 2 horas y 15 minutos | Porciones: 6

Ingredientes:

2 tazas de arroz

3 tazas de leche

½ taza de arándanos secos remojados en ½ taza de ron durante la noche y escurridos

1 cucharadita de canela

½ taza de azúcar moreno

Instrucciones:

Preparar un baño maría y poner en él el Sous Vide. Fije a 140F.

Mezcle todos los ingredientes en un tazón y transfiéralos a 6 frascos pequeños. Ciérrelos y sumérjalos en un baño de agua. Ajuste el temporizador para 2 horas. Cuando el temporizador se detenga, retire los frascos. Servir caliente o frío.

Pudín de pan

Preparación + tiempo de cocción: 2 horas y 15 minutos | Porciones: 8

Ingredientes:

1 taza de leche

1 taza de crema

10 onzas de pan blanco

4 huevos

2 cucharadas de mantequilla, derretida

1 cucharada de harina

1 cucharada de almidón de maíz

4 cucharadas de azúcar

1 cucharadita de extracto de vainilla

¼ cucharadita de sal

Instrucciones:

Preparar un baño maría y poner en él el Sous Vide. Ajuste a 170 F. Corte el pan en trozos pequeños y colóquelo en una bolsa sellable al vacío. Batir los huevos junto con los demás ingredientes. Verter la mezcla sobre el pan. Liberar el aire estrujando el agua, cerrar y sumergir la bolsa al baño maría. Ajuste el temporizador para 2 horas. Después de que el temporizador se haya detenido, retire la bolsa. Servir caliente.

cuajada de limón

Tiempo de preparación + cocción: 75 minutos | Porciones: 8

Ingredientes:

1 taza de mantequilla

1 taza de azúcar

12 yemas de huevo

5 limones

Instrucciones:

Preparar un baño maría y poner en él el Sous Vide. Ajuste a 168F.

Rallamos la ralladura de limón y la ponemos en un bol. Exprima el jugo y agréguelo también al tazón. Mezcle las yemas de huevo y el azúcar hasta que esté espumoso y transfiéralo a una bolsa que se pueda sellar al vacío. Liberar el aire estrujando el agua, cerrar y sumergir la bolsa al baño maría. Ajuste el temporizador para 1 hora.

Después de que el temporizador se haya detenido, retire la bolsa y transfiera las cuajadas de limón cocidas a un tazón y colóquelas en un baño de hielo. Dejar enfriar por completo.

Creme brulée

Preparación + tiempo de cocción: 45 minutos | Porciones: 4

Ingredientes:

2 tazas de crema
4 yemas de huevo
¼ de taza) de azúcar
1 cucharadita de extracto de vainilla

Instrucciones:

Preparar un baño maría y poner en él el Sous Vide. Ajuste a 180 F. Bata todos los ingredientes y transfiéralos a 4 frascos poco profundos. Cerrar y sumergir en un baño de agua. Cocine por 30 minutos.

Después de que el cronómetro se haya detenido, saque los frascos poco profundos y espolvoree azúcar sobre el brulée. Coloque debajo del asador hasta que se caramelice.

Panecillo de limón

Preparación + tiempo de cocción: 3 horas 45 minutos | Porciones: 6

Ingredientes:

2 huevos
1 taza de harina
4 cucharadas de azúcar
1 cucharada de jugo de limón
1 cucharada de ralladura de limón
1/3 taza de crema
2 huevos
1 cucharadita de bicarbonato de sodio
½ taza de mantequilla

Instrucciones:

Preparar un baño maría y poner en él el Sous Vide. Ajuste a 190 F. Bata los huevos y el azúcar hasta que estén cremosos. Poco a poco mezcle los ingredientes restantes. Divide la masa en 6 frascos. Cierra los frascos y sumerge la bolsa en un baño de agua. Ajuste el temporizador para 3 horas y 30 minutos.

Cuando el temporizador se detenga, retire los frascos. Dejar enfriar antes de servir.

mousse de frambuesa

Tiempo de preparación + cocción: 75 minutos | Porciones: 6

Ingredientes:

1 taza de frambuesas

1 taza de leche

1 taza de queso crema

2 cucharadas de almidón de maíz

½ taza de azúcar

1 cucharada de harina

1 cucharadita de jengibre molido

1 cucharada de cacao en polvo

Una pizca de sal marina

Instrucciones:

Preparar un baño maría y poner en él el Sous Vide. Ajuste a 170 F. Coloque todos los ingredientes en una licuadora. Mezcle hasta que quede suave y transfiéralo a 6 frascos pequeños. Cierra los frascos y sumerge la bolsa en un baño de agua. Ajuste el temporizador para 1 hora. Cuando el temporizador se detenga, retire los frascos. Servir frío.

Manzanas dulces rellenas de pasas

Preparación + tiempo de cocción: 2 horas y 15 minutos | Porciones: 4

Ingredientes:

4 manzanas pequeñas, peladas y sin hueso

1 cucharada y media de pasas

4 cucharadas de mantequilla blanda

¼ de cucharadita de nuez moscada

½ cucharadita de canela

1 cucharada de azúcar

Instrucciones:

Preparar un baño maría y poner en él el Sous Vide. Fije a 170F.

Mezcle las pasas, el azúcar, la mantequilla, la canela y la nuez moscada. Cubre las manzanas con la mezcla de pasas. Divide las manzanas en 2 bolsas sellables al vacío. Liberar el aire estrujando el agua, cerrar y sumergir las bolsas al baño maría. Ajuste el temporizador para 2 horas.

Cuando el temporizador se detenga, retire las bolsas. Servir caliente.

Tarta de manzana

Preparación + tiempo de cocción: 3 horas 50 minutos | Porciones: 6

Ingredientes:

1 taza de leche
2 manzanas verdes, peladas y cortadas en cubitos
1 cucharadita de mantequilla
7 cucharadas de harina
4 cucharadas de azúcar moreno
1 cucharadita de cardamomo molido

Instrucciones:

Preparar un baño maría y poner en él el Sous Vide. Fije a 190F.

Mezclar la mantequilla, el azúcar, la leche y el cardamomo hasta que esté espumoso. Incorporar poco a poco la harina. Agregue las manzanas y divida la mezcla en 6 frascos. Cierra los frascos y sumerge la bolsa en un baño de agua. Ajuste el temporizador para 3 horas y 30 minutos. Después de que el temporizador se haya detenido, retire la bolsa. Servir caliente.

Mini tarros de cheesecake de fresas

Preparación + tiempo de cocción: 90 minutos | Porciones: 4

Ingredientes:

4 huevos

2 cucharadas de leche

3 cucharadas de mermelada de fresa

½ taza de azúcar

½ taza de queso crema

½ taza de requesón

1 cucharada de harina

1 cucharadita de ralladura de limón

Instrucciones:

Preparar un baño maría y poner en él el Sous Vide. Fije a 180F.

Mezcla los quesos y el azúcar hasta obtener una mezcla espumosa. Batir un huevo a la vez. Agregue los demás ingredientes y mezcle hasta que estén bien mezclados. Dividir en 4 frascos. Cierra los frascos y sumerge la bolsa en un baño de agua. Ajuste el temporizador a 75 minutos. Después de que el temporizador se haya detenido, retire la bolsa. Enfriar y servir.

Peras cocidas en vino y canela

Preparación + tiempo de cocción: 80 minutos | Porciones: 4

Ingredientes:

4 peras, peladas
2 palitos de canela
2 copas de vino tinto
1/3 taza de azúcar
anís 3 estrellas

Instrucciones:

Preparar un baño maría y poner en él el Sous Vide. Establecido en 175F.

Combine el vino, el anís, el azúcar y la canela en una bolsa grande con cierre. Pon las peras adentro. Liberar el aire estrujando el agua, cerrar y sumergir la bolsa al baño maría. Ajuste el temporizador para 1 hora. Después de que el temporizador se haya detenido, retire la bolsa. Sirve las peras aliñadas con salsa de vino.

Avena con almendras y coco

Preparación + tiempo de cocción: 12 horas 10 minutos | Porciones: 4

Ingredientes:

2 tazas de avena

2 tazas de leche de almendras

3 cucharadas de coco rallado

3 cucharadas de hojuelas de almendra

3 cucharadas de extracto de stevia

1 cucharada de mantequilla

¼ de cucharadita de anís molido

Una pizca de sal marina

Instrucciones:

Preparar un baño maría y poner en él el Sous Vide. Fije a 180 F. Combine todos los ingredientes en una bolsa sellable al vacío.

Liberar el aire estrujando el agua, cerrar y sumergir la bolsa al baño maría. Ajuste el temporizador a 12 horas. Cuando el temporizador se detenga, retire la bolsa y divídala entre 4 tazones para servir.

Gachas de trigo sarraceno y plátano

Preparación + tiempo de cocción: 12 horas 15 minutos | Porciones: 4

Ingredientes:

2 tazas de trigo sarraceno

1 plátano, machacado

½ taza de leche condensada

1 cucharada de mantequilla

1 cucharadita de extracto de vainilla

1 vaso y medio de agua

¼ cucharadita de sal

Instrucciones:

Preparar un baño maría y poner en él el Sous Vide. Fije a 180F.

Coloque el trigo sarraceno en una bolsa de vacío. Batir los ingredientes restantes en un bol. Vierta esta mezcla sobre el trigo sarraceno. Liberar el aire estrujando el agua, cerrar y sumergir la bolsa al baño maría. Ajuste el temporizador a 12 horas.

Después de que el temporizador se haya detenido, retire la bolsa. Servir caliente.

Avena básica desde cero

Preparación + tiempo de cocción: 8 horas 10 minutos | Porciones: 4

Ingredientes:

1 taza de avena

3 tazas de agua

½ cucharadita de extracto de vainilla

Una pizca de sal marina

Instrucciones:

Preparar un baño maría y poner en él el Sous Vide. Ajuste a 155 F. Combine todos los ingredientes en una bolsa sellable al vacío. Liberar el aire estrujando el agua, cerrar y sumergir la bolsa al baño maría. Ajuste el temporizador a 8 horas.

Después de que el temporizador se haya detenido, retire la bolsa. Servir caliente.

Los mini pasteles de queso

Preparación + tiempo de cocción: 45 minutos | Porciones: 3

Ingredientes:

3 huevos
5 cucharadas de queso fresco
½ taza de queso crema
4 cucharadas de azúcar
½ cucharadita de extracto de vainilla

Instrucciones:

Preparar un baño maría y poner en él el Sous Vide. Establecido en 175F.

Poner todos los ingredientes en un bol. Bate con una batidora eléctrica durante unos minutos hasta que la mezcla esté suave y homogénea. Divide la mezcla en 3 frascos. Cierra los frascos y sumerge la bolsa en un baño de agua. Ponga el temporizador en 25 minutos.

Cuando el temporizador se detenga, retire los frascos. Enfriar hasta servir.

Pan con mantequilla de cafe

Preparación + tiempo de cocción: 3 horas 15 minutos | Porciones: 4

Ingredientes:

6 onzas de pan blanco

¾ taza de mantequilla

6 cucharadas de café

½ cucharadita de canela

1 cucharadita de azúcar moreno

Instrucciones:

Preparar un baño maría y poner en él el Sous Vide. Establecido en 195F.

Cortar el pan en tiras y ponerlo en una bolsa de vacío. Batir los demás ingredientes en un bol y verter la mezcla sobre el pan. Liberar el aire estrujando el agua, cerrar y sumergir la bolsa al baño maría. Ajuste el temporizador para 3 horas.

Después de que el temporizador se haya detenido, retire la bolsa. Servir caliente.

Magdalenas de zanahoria

Preparación + tiempo de cocción: 3 horas 15 minutos | Porciones: 10)

Ingredientes:

1 taza de harina
3 huevos
½ taza de mantequilla
¼ taza de crema
2 zanahorias, ralladas
1 cucharadita de jugo de limón
1 cucharada de harina de coco
¼ cucharadita de sal
½ cucharadita de bicarbonato de sodio

Instrucciones:

Preparar un baño maría y poner en él el Sous Vide. Establecido en 195F.

Bate los ingredientes húmedos en un tazón y mezcla los ingredientes secos en otro. Mezcle suavemente los dos compuestos. Divida la mezcla en 5 frascos (no llene más de la mitad. Use más frascos si es necesario). Cierra los frascos y sumérgelos en un baño de agua. Ajuste el temporizador para 3 horas. Cuando el temporizador se detenga, retire los frascos. Cortar por la mitad y servir.

www.ingramcontent.com/pod-product-compliance
Lightning Source LLC
Chambersburg PA
CBHW070417120526
44590CB00014B/1435